日本の企業倫理
企業倫理の研究と実践

企業倫理研究グループ
代表　中村瑞穂

Business Ethics and CSR

東京　白桃書房　神田

まえがき

　日本経済および日本企業にとって1990年代とは、不況や低迷という観点からしばしば「失われた10年」などと称され否定的な評価が下されがちであった。しかしこれは日本社会が大きく変化しようとする歴史的プロセスを一面から捉えた表現であり、20世紀から21世紀へと時代が大きく転換するなかで、さまざまな新しい動きが胎動・生起してきた10年であったともいえる。企業倫理の研究と実践においても、ここ10数年の進展はまさに隔世の感と称されてしかるべき大転換が進行した10年であったといえよう。本書はこうした近年の日本における最近の企業倫理に関するさまざまな進展状況およびその課題事項について学問的な立場から理解し新たな視点を構築しようとする試みである。

　第1章「企業経営をめぐる価値転換」（梅津光弘）ではまず企業倫理をふくむ近年の企業経営をめぐる価値転換の歴史的背景と日本における現状について鳥瞰する。企業倫理は「企業不祥事」とよばれる事態への対応といった観点から捉えられる事が多かったが、市場や社会における地位の確立は企業経営の根幹にかかわる最重要課題であるといっても過言ではない。ここ10年来日本でも産学協同での地道な努力が重ねられ、企業における企業倫理制度化が格段に進んでいるといえるが、コンプライアンスへの過大な期待など問題点も多く、価値共有の重要性の認識を深める必要性が論じられている。

　第2章「「企業不祥事」と企業における問題の認識」（小山嚴也）では、企業活動をめぐる社会的課題事項に関わるステイクホルダーからの要請に対する企業の応答を、企業による問題の認識という観点から適切なものと不適切なものに分類したうえで、そうした枠組みを用いて雪印乳業集団食中毒事件を分析し、不適切な応答がどのような事態を招くのかということが提示され

る。さらに、企業内外のパラダイムの違いにより、企業がそうした問題を認識することがきわめて難しいことも明らかにされている。

　第3章「企業統治と経営者の役割」（出見世信之）では、会社支配論との相違を考察し、企業統治改革において、株主の公平性や説明責任の問題などが重視されることを明らかにしている。また、日本の企業統治改革において、経営者が主導的な役割を担っているとし、経営者の交代による効果についても考察している。さらに、企業倫理との関係から、情報の公開などを企業に求める株主の側にも、それが機関投資家となり、社会から広く資金を集めている場合には、情報公開などが求められるとしている。

　第4章「リスクマネジメントと企業倫理」（中林真理子）では、リスクマネジメントの発展過程をたどりながら、リスクマネジメントの観点から企業倫理を捉える意義が考察されている。そして、多くの企業が不祥事の発覚を基準に企業倫理について認識しはじめるという現状を問題視し、企業倫理リスクに対処するには、価値理念共有型の企業倫理の制度化を進めていく必要があることが指摘されている。

　第5章「企業における専門職の倫理」（山口厚江）では、専門職の概念を整理し、専門的意思決定・行為における正当性根拠を専門職の倫理に求め、その内実・必要不可欠性を検討する。そして、現代日本における専門職倫理の重要性を示唆する事例として、介護保険制度の下で介護ビジネスに所属する介護支援専門員（care manager；ケアマネジャー）の有する課題を示し、企業に雇用される専門職の葛藤、さらに専門職倫理と企業倫理との関係について考察している。

　第6章「国際経営における企業倫理」（鈴木由紀子）においては国際経営における企業倫理が考察される。まず海外進出に伴う諸問題が述べられ、次に企業の本国と進出先の倫理基準の違いがある場合、社会的・文化的価値の違いをどう捉えていくかが考察されている。そして国際的な企業倫理基準の策定の進展がみられるなかで、日本企業の企業倫理の制度化における問題から、日本企業の倫理的行動を促進していくための有効な企業倫理のあり方を

企業文化との関連から検討している。

　第7章「環境問題への自主的取り組み・情報公開と企業倫理」(森永由紀)では環境対策はなぜ二の次になるか、およびそこからの脱却の糸口を述べた上で、ISO14001を例に、自主取り組み・情報公開と企業倫理の関係が考察される。社会全体の環境負荷を小さくするためには、自主取り組み・情報公開を活用した環境問題との新しい付き合い方が有効であること、それには、環境情報を開示する側、利用する側双方の誠実さ・公正さが必要になり、まず企業の側からはそれを企業倫理の実践を通じて担保することの重要性が指摘されている。

　最終第8章「企業倫理とCSR」(中村瑞穂)ではまず2003年が「日本におけるCSR元年」と呼ばれるように、日本では近年、ようやく企業の社会的責任の具体的内容に対する関心が社会的な広がりを見せてきている事実が考察される。一方、その点において諸国に先行したアメリカはすでに40年を越す歴史的経験の蓄積を有する。そこにあって企業倫理の視点が占めてきている位置とその役割とを確認することは、日本での今後の本格的な取り組みに対し、きわめて重要な示唆を与えるものであることが指摘されている。

　以上のように本書はここ10数年の日本企業の変化を企業倫理の観点から主に理論的に論じたものであるが、一部の章では代表事例もとりあげて企業倫理実践とのバランスにも配慮している。これはほぼ同じメンバーで2001年に翻訳・出版されたD.スチュアート『企業倫理』(白桃書房)の構成を参考にしたものである。

　スチュアートの本のあとがきにもあるように、企業倫理研究グループは1996年のエドウィン・M・エプスタイン、カリフォルニア大学名誉教授の来日を機に生まれた研究会である。同時にこのグループは当時明治大学教授であられた中村瑞穂先生を中心に集まった若手研究者のグループでもあった。メンバーの専門が多岐にわたることからも分かるようにこのグループはいわゆる中村瑞穂ゼミの門下生の集まりではない。各自はそれぞれの大学や大学

院を卒業した後、ある者は大学院生の立場で、またある者は専門の仕事に従事しながら、ただ企業倫理への関心のみを共通点として集結したといってよい。ほぼ毎月もたれる研究会は、各自の研究テーマや折々の事例研究も交え、時に海外の文献を読み合わせたり、また特別講師を招いての討論など実に多様な議論と研究を地道に積み重ねてきた。

　先述したように、この10数年は日本における企業倫理研究および企業倫理実践が格段と進展した時期であり、いわゆる企業不祥事の多発とも相俟って激動と喧騒の中を駆け抜けてきたかの感慨も覚える。一般的にはこうした時流は「追い風」といわれているのだが、ふりかえれば、このグループが発生した頃はグループも実は弱小であって、冷たい逆風が吹いていたとすらいえる状態ではなかったか。そうしたなか、あえて時流に迎合したり、派手な自己宣伝をすることもなく淡々と個々人の研究を進めることができたのは、ひとえに中村瑞穂先生のおかげである。中村先生が自ら学問への姿勢をわたしたちに示して下さったことにより、また常に変わらぬ情熱をもって暖かく若手を支えて下さらなければ、本書も現在の一人一人もあり得なかったであろう。企業倫理に学問的に向き合うことを教え、また真剣な討論と冷静な学的研究のありかたを示して下さった、敬愛する中村瑞穂先生に私達一同の万感の思いをこめて感謝の言葉をお捧げすることをお許しいただきたい。「中村先生、ありがとうございました。」

　最後に、今回も白桃書房編集部の平千枝子さんには企画、編集、そしてそれ以外の雑事にいたるまで、貴重な助言と支援を賜った。ここに記して感謝の意をあらわしたいと思う。

2007年2月

　　　　　　　　　　　　　　　　　　　　　　　　企業倫理研究グループ

目　次

まえがき

第1章　企業経営をめぐる価値転換 …………… 梅津光弘　1

1. はじめに …………………………………………………………… 1
2. アメリカにおける価値転換：その歴史的背景 ………………… 2
   - 2-1. 危機管理に関連して ……………………………………… 2
   - 2-2. 組織機能に関連して ……………………………………… 3
   - 2-3. 市場での地位確立 ………………………………………… 5
   - 2-4. 社会での地位確立 ………………………………………… 6
3. 価値共有の企業倫理 ……………………………………………… 7
   - 3-1. 価値共有型ビジネス倫理プログラムの発展 …………… 7
   - 3-2. 価値共有型の特徴 ………………………………………… 8
   - 3-3. 誠実さの意味 …………………………………………… 10
4. 日本における価値転換 ………………………………………… 11
   - 4-1. 90年代初頭 ……………………………………………… 11
   - 4-2. 90年代中期 ……………………………………………… 13
   - 4-3. 90年代後半 ……………………………………………… 15
   - 4-4. 2000年以降 ……………………………………………… 15
5. 日本企業における企業倫理：課題 …………………………… 16
   - 5-1. 制度化の進展とその特徴 ……………………………… 16
   - 5-2. 中小企業における制度化の遅れ ……………………… 18

第2章 「企業不祥事」と企業における問題の認識
……………………………………………小山嚴也　21

1. はじめに…………………………………………………………21
2. 「要請」の発生と応答のパターン……………………………23
3. 問題の認識と要請の受容………………………………………25
4. 雪印乳業の場合…………………………………………………27
5. なぜ企業は社会的課題事項を認識できないのか……………31
6. むすびにかえて…………………………………………………36

第3章 企業統治と経営者の役割……………出見世信之　40

1. はじめに…………………………………………………………40
2. 会社支配論と企業統治論………………………………………44
3. 企業統治改革と経営者…………………………………………49
4. 経営者の交代……………………………………………………53
5. 企業倫理との関係………………………………………………57
6. おわりに…………………………………………………………60

第4章 リスクマネジメントと企業倫理
―「企業不祥事」をめぐって―……………中林真理子　65

1. はじめに…………………………………………………………65
2. リスクマネジメントと企業倫理の接点………………………66
   2-1. リスクマネジメントの概要………………………………66
   2-2. リスクマネジメントの目的と企業倫理…………………67
   2-3. リスクマネジメントにおける「企業倫理リスク」……68
   2-4. リスクマネジメントと企業倫理の接点…………………71

3. 企業倫理上のリスクへの対応における問題点　72
　3-1. リスク類概念と「企業不祥事」　72
　3-2. 「企業不祥事」をめぐる損失発生プロセス　74
　3-3. 価値共有型アプローチによる企業倫理の制度化　76
4. おわりに：倫理的価値共有の重要性　77

第5章　企業における専門職の倫理
　─従事者の倫理的自律─　　　　　　　　山口厚江　85

1. はじめに　85
2. 専門職の概念　86
3. 専門職と倫理　90
　3-1. 専門職の倫理とその内実　90
　3-2. 専門職団体　92
　3-3. 専門職の倫理的自律　94
4. 企業内専門職　97
　4-1. 企業内専門職の特性：行為・責任の方向性に関する独立専門職との相違　98
　4-2. 専門職と企業との間の葛藤：「忠誠」概念の考察　99
　4-3. 日本における事例：介護支援専門員とその所属事業所　103
　4-4. 専門職倫理と企業倫理　106
5. おわりに　109

第6章　国際経営における企業倫理　　　　鈴木由紀子　114

1. 問題の所在　114
2. 国際経営に関わる倫理的課題事項　114
　2-1. 海外進出に伴う諸問題　114

2-2. 異文化における倫理的課題 ………………………………… 119
　3. 国際経営における企業倫理 …………………………………… 121
　　3-1. 国際的な倫理基準の進展 …………………………………… 121
　　3-2. 企業倫理の制度化の問題 …………………………………… 123
　4. 企業倫理と企業文化 …………………………………………… 124
　5. おわりに ………………………………………………………… 128

第7章　環境問題への自主取り組み・情報公開と
　　　　　企業倫理 ……………………………… 森永(篠田)由紀　134

　1. はじめに ………………………………………………………… 134
　2. 環境対策が二の次になる2つの理由 ………………………… 135
　　2-1. 認識できる範囲と影響を及ぼす範囲の乖離 ……………… 135
　　2-2. 環境破壊を引き起こす社会システム ……………………… 137
　3. 自主取り組みと環境情報開示 ………………………………… 139
　　3-1. 変わる環境対策：規制から自主取り組みへ ……………… 139
　　3-2. 環境マネジメントシステム ISO14001 …………………… 140
　　3-3. 環境情報開示 ………………………………………………… 144
　　3-4. システムの形骸化を防ぐために …………………………… 145
　3. 環境問題との新しい付き合い方 ……………………………… 147

第8章　企業倫理と"CSR" ………………………… 中村瑞穂　151

　1. はじめに："CSR ブーム"？ ………………………………… 151
　2. 「CSR（企業の社会的責任）」の語義理解 …………………… 153
　3. 「企業の社会的責任」認識の発展経過 ………………………… 156
　　3-1.「企業の社会的責任」の自覚とその体系的認識：1970年代初頭
　　　 ……………………………………………………………………… 157

3-2.「社会的課題事項」と「企業の社会的即応性」: 1970年代中葉 ……………………………………………………………… 160
　3-3. 企業活動の倫理性の追求: 1980年代以降 ………………… 162
　3-4. 企業倫理の制度化と価値共有 ……………………………… 164
4. 21世紀"CSR"の先端状況 …………………………………… 168
　4-1. CSR 報告書と「GRI ガイドライン」……………………… 168
　4-2. ハーバード・グループの『グローバル・ビジネス行動基準集成』……………………………………………………………… 171

参考文献 ……………………………………………………………… 175
索　　引 ……………………………………………………………… 189

# 第1章
企業経営をめぐる価値転換

1. はじめに

　2005年8月、ハワイでアメリカ企業倫理学会の創立25周年記念年次大会が行なわれた。学会の成立がそのまま学問の成立を意味するものではないものの、企業倫理学（Business Ethics）が専門家集団としての学会によって支持され、そこでの学的議論を通じてパラダイムを形成しはじめて四半世紀が経過したことになる。アメリカにおける「企業倫理学」は、その後1980年代中頃から学問的議論を超えて、実践としての「企業倫理」あるいは制度的施策としての「企業倫理プログラム」となって展開していくことになった。こうした学問、企業経営における実践、さらには法令をふくむ支援制度の拡充が、ペイン（Paine, L.S.）が価値転換（Value Shift）という言葉で表現しようとした概念であり、21世紀の企業経営をめぐる根本的な価値尺度の転換をもたらしつつある歴史的事象であると、筆者は考えている。

　本章の主眼は、こうした企業経営をめぐる価値転換の意味を考察しながら、その背後にある社会的・歴史的背景を跡づけるとともに、アメリカを中心とした20世紀後半の企業社会において、それがどのような認識と制度の転換を促したかを考察し、さらには日本におけるその波及効果がどのように進展したのかを探ろうとするものである。

2. アメリカにおける価値転換：その歴史的背景

2-1. 危機管理に関連して

　ペインによれば、アメリカにおいて企業経営を根本的に支える価値観や倫理観の転換が起こったのは1980年代からであり、それは IT 革命やビジネスのグローバル化といった表面的な技術的・社会的変化の背後で目立たない潜伏した形で進行したという[1]。

　こうした動きの背景には、1980年代中葉に端を発する、いわゆる企業不祥事の多発が大きなきっかけになっている[2]。またアメリカにおいても、価値転換の直接のきっかけとなったことは「企業不祥事」であり、それへの対応としての「危機管理」であったことは注目に値する。

　ここで「企業不祥事」と「危機管理」という言葉に注意を促しておきたい。いわゆる企業不祥事とは企業が法令や社会倫理にもとる行為や意思決定を行ない、それが明るみに出て政府や社会、報道機関などから厳しい糾弾をうける事態をさしていると考えることができるが、「不祥事」という言葉は一般的な用語であって学問的な定義をもつ術語ではない。「不祥事」という言葉にはそれが明るみに出てしまったことの不始末、つまりは不正の隠蔽が不完全であったという意味での対応の不足、あるいはアンラッキーという意味での不運といった意味合いが込められている。

　さらにそうした「不祥事」対応としての危機管理は、「不祥事」が明るみに出ることによってもたらされた企業の危機的状況をいかにして切り抜けるかという意味合いが込められている。この用語の問題は概念規定の曖昧さもさることながら、より深刻な問題と考えられる点は、違法あるいは非倫理的な行為や意思決定そのものを、日常業務に潜在する一般的な行為と捉える点にある。

　すなわち一般的な「不祥事とそれに対する危機管理」という考え方のなかには、もともとの法令違反や非倫理的行為に関する反省は一切ないといっても過言ではない。不祥事はアンラッキーなことであり、どの企業でもやって

いることであり、ビジネスとしては不道徳なことをするのは当然のことをしたまでなのであって、危機対応とはそうしたことが不運にも明るみに出てしまった場合の急場のしのぎ方、マス・メディアや社会をいかにうまく操作して、企業ブランドに対するダメージをいかに最小にとどめるかという企業防衛論的な情報操作の技術ということになる。

　企業倫理のめざすものは、こうした事後的な「不祥事」対応の危機管理ではない。企業倫理は同様な「企業不祥事」に端を発する対応ではあるが、より根本的な事象の倫理的価値判断を下すことを主目的としている。そこから原因追及を行なったり、同様の事件の再発防止、あるいは非倫理的行為そのものの根絶などをめざす実践的・制度的施策の構築などをふくむ営みである。

　それでは、「不祥事」を根絶するための方法として企業の価値観がどのような意味をもつのであろうか。ペインによれば多くの経営者が問題視するのは、個々の従業員による不正行為もさることながら、会社ぐるみの不正行為、すなわち会社の利益のために会社の名においてなされる不正行為である。もとより企業の目的のひとつに営利の追求があるが、そうした目的のみを強調することで、そこに利益を倫理に優先する価値観が芽生え、定着してしまう場合がある。企業風土のなかに浸透した利益優先の価値観は、個人の力だけでそれを変えていくことは困難である。80年代以降に起こった数々の「企業不祥事」によってこうむる機会損失は多大であり、そうした状況を事前に回避するために倫理的な価値を組織に浸透させることの重要性をアメリカの経営者は自覚するにいたったことを、ペインは指摘している[3]。

2-2. 組織機能に関連して

　前項の危機管理に関連した理由が企業防衛の手段としての価値観を捉えていたのに対し、一部の経営者は正しく機能する組織を構築するために価値観が不可欠であると考えている。

　確かに組織が機能するためには、さまざまな暗黙のルールや倫理観が前提とされている。社員はお互いに協調し、それぞれに任せられている職責を遂

行する責任がある。組織には指揮命令系統があるが、それは上司に対する忠誠や尊敬がなければ機能しない。またある場合には、たとえば絶えず変化する環境に対応するためには、それぞれが創造性を発揮し十分なコミュニケーションをとりつつ業務を革新していく必要もある。なによりも企業が産出する財やサービスが市場で受け入れられていくためには、顧客からの信頼が欠かせない。こうした観点から、企業組織を円滑に運営管理していくためには、尊敬、誠実、公正な取引といった価値観を組織が醸成していく必要があり、個々の業務を遂行する人材もこうした価値観のなかでなければ育成されないのである。

　ペインの例示によれば、アメリカに本社をおく国際企業のシールドエアー社はこのヴァリュー中心の理念を実践している企業である。その幹部によれば、「信頼は行動のうえに成り立ち、行動は価値観のうえに成り立つ。要するに、深い信頼と互いへの配慮は各自が自分の行動に責任をもち、相手に敬意をもってフェアに接することから初めて生まれるものなのだ。したがってこの会社が理想とする組織を築き、維持するには、基本としてつねに価値観を重視する必要があった」ということである[4]。

　このような価値観を資本主義経済体制やその経営組織の機能強化に関連づけようとする考え方は、M. ウェーバー、H. A. サイモン、C. I. バーナードなどに萌芽が見られるものの倫理的価値観を組織全体に浸透させることの重要性にまで踏み込んで詳細に論じたり、企業経営を倫理的価値観から再評価しようとする理論展開は企業倫理論の登場以前は研究の本流とはいえなかった。その背景には、価値自由をもって科学的方法の特徴とみなす科学観や、事実と価値を峻別する論理実証主義などの影響があったと思われる。また数理経済学的な定量的分析の枠組みに適合しない倫理的価値の問題も敬遠されがちであったことが予想される。しかしこうした実証主義的、あるいは帰納主義的科学観が60年代後半から揺らぎはじめ、たとえばT. クーンの科学論などがアメリカで台頭しはじめた70年代を分岐として、価値論の重要性が注目されるにいたったことも、価値転換の背景にある学問的潮流であろう。

2-3. 市場での地位確立

　価値観の重要性は企業内部の従業員同士の関係を良くすることだけにとどまらない。顧客や納入業者、さらには市場での競合他社との関係にも影響をあたえるものである。とくに国際的な市場の拡大とともに、これまではあまりなじみのなかった海外の市場への進出、国際市場でのブランド構築などの点で企業の価値観が重要性を増すようになったとペインは指摘する。

　市場での地位を確立する要件は、一方で製品やサービスの質の高さといった技術的な優秀さである。しかし、そうした高品質の財やサービスは技術を支える労働力の品質に支えられるものであり、そして労働力の質は、働く者の責任感、勤勉さ、向上心、信頼性、顧客への深い関心といった倫理的姿勢や価値観なくしては構築しえないものであることが、判明してきたのだという。

　とくにこうした状況は、80年代のアメリカでもたびたび議論の的になっていたものの、90年代を通じて成長の著しい中国をはじめとする旧社会主義圏の諸国においても大きな問題であった。ペインがこの点で例示している中国の家電メーカー、ハイアール社では旧来の社会主義的計画経済のもとで育った管理者は政府当局から課される生産量ノルマを果たすことだけが仕事と考え、工場労働者も粗悪品を大量生産することに何の抵抗もなかった。品質や顧客満足といった概念すら存在しないかのような状況を克服するためには他者への配慮、主体性、向上心などの価値観を会社全体に浸透させる必要があったという。

　大量採取、大量生産、大量消費、大量投機という高度成長期からの価値観が見直されて久しい。しかしながらこうした量から質への転換は一部の先進的な企業だけが真剣に取り組み、その他の企業社会大勢はこうした意識についていけなかったのではないか。

　ところが21世紀への転換点において、価値観の転換が市場そのものの選択に反映されるところまでようやく到達しはじめたようにも見える。そして市場での地位を確立するためには、こうした高質の財やサービスを生産、提供

していくための企業の質が問われはじめており、その点で企業倫理を中心とした価値観の見直しが要請されるようになったものと思われる。

2-4. 社会での地位確立

　さらにこの観点は市場における企業や製品ブランドの認知にとどまらず、社会貢献をふくむ企業の社会的責任に対する姿勢の明確化を迫るようにもなった。というより新たな価値観をもつ顧客は製品やサービスの質を、それを提供する企業の価値観や姿勢をふくむ広い文脈から評価するようになってきたことを意味する。これは直接的には NGO、NPO といった民間非営利団体の台頭と、さまざまな利害関係者（stakeholder）からの企業への要求が複雑化し、企業がそれらの要求や期待に応答していく必要からもたらされたことがらである。それはまた間接的には高い教育水準と価値観をもった市民社会が、企業の価値を経済的な側面のみならず、倫理や社会貢献、環境保護などをふくめた総合的な評価基準から評価するようになってきたということでもある。

　ペインはこのあたりの状況を90年代にロイヤル・ダッチ・シェル社が経験した一連の事件を例に説明している。それらは北海油田のブレントスパーとよばれる石油掘削施設の解体工事から、ナイジェリアにおける環境保護や人権擁護に関する不作為など多岐にわたっているが、企業が環境保護や人権保護といった、これまでは政治の領域としてあえて関わらなかった領域についても企業社会責任として捉えられはじめたいきさつが記述されている。また、これまたビジネスは関わるべきではないとされてきた進出先国の政治に対しても、それが明白に人権侵害等に関連している場合、あるいは進出先国の国民が自覚できていないか、自覚できていたとしても公に発言できないような重篤な倫理違反には、そうした倫理的・政治的課題事項を無視してビジネスを進めるわけにはいかなくなってきた事情も説明されている。企業市民という言葉もあるように、企業という本来は私的経済活動のみに専念すれば良いように思われてきた組織にも市民性が求められ、そこから企業の社会におけ

る地位が評価される時代になってきたことを意味している。

3. 価値共有の企業倫理
―― コンプライアンス型から価値共有型へ

　前節で述べた歴史的背景、価値観の変化をうけて、90年代中葉になるとアメリカ企業における倫理の制度化が広範な浸透をみることとなる。本章では詳しく述べないが、その発端にはいわゆる危機管理的な発想からの法令遵守に主眼をおくコンプライアンス型とよばれる企業倫理の制度化手法があった。それと同時に90年代を通じてコンプライアンス型からさまざまなヴァリュエーションも発生し、多様な企業倫理制度化の試みが現れることとなる。そのうち最も注目を集めたのが価値共有（value sharing）型とよばれる制度化手法であり、コンプライアンス型と好対照をなしながら、この2つの制度化手法が今日でもアメリカ企業倫理プログラムの双璧をなしているとみてよい。

3-1. 価値共有型ビジネス倫理プログラムの発展

　価値共有型が発展した理由としては、コンプライアンス型企業倫理プログラムが一応の定着をみて、90年代後半からその反省を踏まえた新展開として現れたということがいえる。防衛産業の不祥事に端を発する「防衛産業イニシアチブ」（Defense Industry Initiative：DII）や1991年発効の組織不正行為の刑事罰に関する「連邦量刑ガイドライン」（Federal Sentencing Commission Guideline）の制定等の法改正を受けて倫理を制度化した企業も、実際の倫理意識の定着を考えると、外部からの強制的制度でありしかもその形式性と煩雑さが特徴でもある法体系の厳守だけを繰り返し述べるだけでは限界があり、やはり何らかの自発的自主的な取り組みが求められてきたのである。

　また、先述のように不正行為の摘発や防止といった、後ろ向きで消極的な企業倫理の捉え方から、より積極的な倫理の本質を考える機運もこの時期に生まれてきた。これは単なる不祥事対策としての企業倫理という捉え方から一歩前進し、組織機能の強化、組織活性化や人材育成、さらには企業をとり

まくさまざまな利害関係者への責任遂行、ブランド構築や社会的名声と信頼の構築などが重要視され、そこから経営革新や企業評価への結びつきが意識されるようになってきた。90年代後半に出されたペインの一連の著作を見ると、ビジネス倫理が経営戦略の一環、あるいは経営そのものの基礎であるといった見解がこの時期に確立されてくる[5]。

さらにはこの時期、80年代から倫理に取り組んだ先進的なアメリカ企業が、アメリカ国内における倫理プログラムの徹底から、海外の支社や子会社などへの浸透をはかる局面を迎えはじめ、90年代以降の更なるグローバリゼーションを受けてよりシンプルで原則論的な大枠を示す倫理プログラムへの転換が必要とされたものと思われる。海外の拠点における倫理といっても、それぞれの国や地域には文化と伝統があり、商習慣や法体系もさまざまである。さらに経済発展段階や環境に対する意識等多元的・重層的なグローバル社会の文脈を総合的にカバーするためには、アメリカ国内における法体系を前提としたコンプライアンス型では対応しきれないことになる。ドナルドソン(Donaldson, T.)が「超規範」(Hyper Norms)の必要性を説き、のちに統合社会契約理論(integrative social contracts theory)に発展していく国際的、多元化社会における多国籍企業の倫理のあり方が問われたのもこの時期であった。この理論のなかでは、社会科学的な経験主義と哲学的な先験主義、さらにはそこから発生する相対主義的傾向と絶対主義的傾向の方法論的な統合も企てられている[6]。

3-2. 価値共有型の特徴

価値共有型は「誠実さ(Integrity)をめざす戦略」などともよばれるが、コンプライアンス型との基本的な相違は図表1-1のようにまとめられる。

この表からはその特徴の一端しか把握できないが、価値共有型プログラムのめざす方向性は本質的な倫理の重要性の把握と、組織に倫理を浸透させるための自発的、能動的な取り組みであり、従業員は責任ある行為の実行という積極的な参加を要求される。価値共有の企業倫理プログラムは、コンプラ

●図表1-1　コンプライアンス型と価値共有型の比較[7]

	コンプライアンス型	価値共有型
精神的基盤 Codeの特徴	外部から強制された基準に適合 詳細で具体的な禁止条項	自ら選定した基準に従た自己規制 抽象度の高い原則
価値観		
目　　的	非合法行為の防止	責任ある行為の実行
リーダーシップ	弁護士が主導	経営者が主導
管理手法	監査と内部統制	責任を伴った権限委譲
相談窓口	内部通報制度（ホットライン）	社内相談窓口（ヘルプライン）
教育方法	座学による受動的研修	ケース・メソッドをふくむ能動的研修
裁量範囲	個人裁量範囲の縮小	個人裁量範囲内の自由
人　間　観	物質的な自己利益に導かれる自立的存在	物質的な自己利益だけでなく、価値観、理想、同僚にも導かれる社会的存在

イアンス型が陥りがちな表面的・形式的な制度化を整えただけでよしとする弊害を理解したうえで、それを克服する方法として倫理的価値の理解と共有を行なうという点で、より本質的な倫理の浸透を促すものである。また価値共有型は、企業経営の本質においても重要な意味をもつ価値創造を契機に、倫理を経営そのもののなかに融合させようとしている点でもユニークである。ある意味では価値という共通概念で倫理と経営を内在的につなぎあわせようとする試みであり、ここでは経営を外部から束縛するものとしての倫理といった意味合いはまったく見られない。コンプライアンス型の倫理理解がともすれば経営からは制限原理として敬遠されがちであり、またコンプライアンス型を経営に浸透させようとすると、硬直的でマニュアル化した経営を招いてしまうことへの反省が込められた方法であるといえよう。

　このようにコンプライアンス型から出発したアメリカ企業における企業倫理の制度化は、価値共有型を進展させることによってより一層の深化と発展をみせ、90年代を通じて倫理が企業経営おける不可欠の要素であることを認識させ、さらには経営そのものを倫理化することによって、ひろく企業社会一般のあり方をも変革する力になったということができよう。

3-3. 誠実さの意味

　ペインは90年代より、このようなコンプライアンス型から価値共有型への移行をすすめる企業倫理学の側からの発言を続けてきているが、価値共有の考え方を「誠実さを求める企業倫理プログラム」という言葉で表現している場合もある。"Integrity"という英語がその言語であるが、この言葉はアメリカ企業などでは多くの企業倫理文書に採用され、日本でもそれに影響されて一部の企業が採用している。ここで価値共有と"Integrity"の相違について触れておきたいと思う。

　"Integrity"を理解するためには、ギリシャ以来の西洋哲学における、徳（ἀρετή；arete）の概念を理解する必要がある。これは人間をふくむ存在者がその能力を磨くことによって人為的に獲得する「優秀さ」「よさ」「力量」などの資質の高さを意味する。徳は卓越性とも訳され習慣的に形成される「第二の本性」であるが、同時にそれなしには人間の幸福は成りたちえないものとされてきた。また、アリストテレスによれば徳は、知性的徳と倫理的徳とに分類されるが、それらは相互に内的な関連性をもった統合状態をさしている。

　"Integrity"とはそうした個々の徳＝優秀さを統合する、全体的な「完全性」「完璧性」を意味する言葉である。すなわち、単に知識や技術の優秀さではなく、戦略性をともなった賢慮、あるいは実践の選択における老練さや、正義感、勇気、節制などの倫理的選択に関する高潔さが、経験や鍛錬の積み重ねからひとつの個人や集団のなかに獲得され、それが意思決定や行為のなかに「高い質」とともに「そつなく」現れている状態をさす。その結果、そうした個人や集団の行為や判断は一定の価値観と方向性を保つという意味で「一貫性」があり、嘘や偽りがないという意味で「誠実性」を保てるのである。また結果として社会的信頼と名声は一定のレベルを保ち、多少の失敗があってもその「健全性」「信頼性」についての揺るぎない評価を保つことができる。

　しかもアリストテレスの考え方によれば、こうした"Integrity"は個人のみならず、集団や製品、サービスの質といった現代の企業が追い求めている

高い品質を意味するものでもあるところから、この言葉が頻繁に用いられることとなった。ちなみに「誠実さ」という訳語は日本語に適当な訳語が見当たらないところから採用された便宜的な訳語であって、「誠実さ」という邦訳だけを見て、日本語のニュアンスから"Integrity"をとらえた誤解も散見される。

「価値共有」は以上の説明からもわかるように、複数の個人にこうした"Integrity"を獲得させるための一方法である。"$ἀρετή$ (arete)"や"Integrity"の内容とも呼応するが、価値共有は複数の人間が統合的な高い資質を獲得するための必要条件である。そこでは最近の組織学習や情報共有もさることながら、共感とコミュニケーションをふくむトレーニングや習慣づけが重要となる。ここでは触れないが、それを具体的な教授場面に具現化した方法が「ケース・メソッド」であると筆者は考えている。いずれにしても、価値共有型の企業倫理はコンプライアンス型とはその理念も方法も異にしているアプローチであり、安易な混合は両者のもつそれぞれの特質を弱めてしまう結果となるように思われる。

4. 日本における価値転換

4-1. 90年代初頭

さて、日本においてもこうした欧米での価値転換の動きを察知して、さまざまな変化が起こってきている。90年代初頭、日本における企業倫理に対する理解はまったく不足していた。学問の世界においても、一部の例外的な学者を除いてはこうした問題が学会の例会等で発表されることはまれであり、企業倫理という言葉が報道機関や企業社会で交わされることも同様にまれなことであった。もちろん当時は日本的経営論のなかで、伝統的な社是、社訓などの意義が論じられたり、成功をおさめた経営者の経営哲学に関する書物なども散見されたが、これらとても功成り名遂げた経営者の回顧録的な文章にとどまっていたというのが実情であった。例外的な著作としては、高田馨の一連の著作や小林俊治の先駆的な著作のなかで触れられたものなどがその

例であろう。しかしこれらはあくまでも先駆的な一部の学者による研究であり、企業倫理が経営学や倫理学のなかで盛んに論じられたということではなかった。

 90年代初頭に2年間のカリフォルニア大学バークレー校での在外研究の機会をもち、アメリカでの企業倫理研究の状況を集中的に精査した後に帰国した中村瑞穂の報告によれば、アメリカで関心の高い経営理論はどれも瞬時に紹介される傾向のつよい日本の産学が、こと企業倫理学に関しては90年代初頭当時でもなおまったくと言ってよいほど関心を示していない状況にあったという。こうした状況を見て「ほとんど奇異の感すら否めない」と表現しているのが印象的である[8]。

 さらに、当時は企業倫理を企業の社会貢献と同義と誤解する向きや、それまでにも多発していたいわゆる企業不祥事に対する危機管理が企業倫理であるとする、先述したような理解も多かった。こうした状況の背景には、企業倫理に対する学問的な誤解と偏見、また産業界からは企業不正行為を指摘されることへの警戒もあったものと思われる。日本には戦前の「修身」に対する反発があり、倫理的観点からの考察を非科学的なイデオロギーと捉える傾向も根強かった。また、産業界にも企業倫理の課題を自覚しながらもそれを社会貢献の問題とあえて誤解することによって、倫理的課題への追及をかわそうとする意図がなかったとは言い切れない。

 そのようななかで日本における企業倫理研究の転機を作ったのが、1993年の日本経営倫理学会の発足であろう。この会は、当時神奈川大学教授であった水谷雅一が主催していた「経営倫理を考える会」を母体として1993年4月に約40名の賛同者が中心となって発足したものであり、日本で唯一の企業倫理研究を専門に行う学会である。その理念は経営倫理の実践的研究の場を設けるというものであったが、実業界出身の水谷は企業へのアプローチについても発足当時から考えており、学会といっても純粋に学問的な関心からの設立というより、産学協同の色彩が強い学会であった。

 この学会に参加した学者はアメリカ企業倫理学会が主に哲学・倫理学の出

身者で占められていたのとは異なり、ほとんどが経営学をはじめとする社会科学系の研究者であり、倫理学者・哲学者の参加はほとんどなかった。しかも参加した学者の多くが水谷と経歴を同じくする実務家出身の経営学者が多かったことも特筆するべきことであろう。それゆえか一部のアカデミックな研究を重んじる学者は、産学協同の学会のあり方に猜疑をいだき、距離をとる者もあった。この傾向は一部にいまだに続いており、企業倫理学が日本の大学教育のなかで主流の位置を占めるにいたっていないひとつの大きな理由となっていると思われる。

4-2. 90年代中期

　90年代に入ると、日本経済はいわゆる「バブルの崩壊」を受けて、戦後最大、最長の不況に陥った。大手金融機関は大量の不良債権を抱えて「貸し渋り」「貸しはがし」とよばれる貸し倒れ懸念先に対する資金回収に動き、日本の企業社会、とくにその9割を占めるといわれる中小零細企業に大きな犠牲を強いることになった。護送船団方式とよばれた、金融機関に対する保護政策は変更を余儀なくされ、80年代を通じて実施されてきたさまざまな官庁主導の経済産業政策、あるいは法や行政指導などの規制による競争制限的かつパターナリスティックな政策に対しても、抜本的な改革を求める世論が主流になってきた。いわゆる規制緩和と構造改革を全面に打ち出した自由主義市場経済体制への変革である。こうした変革は当初遅々として進展しないようにも見えたが、徐々にその方向性が明らかになると、それまで好意的に評価されてきた「日本的経営」の見直しや批判がはじまり、「終身雇用制」「年功賃金制」などが徐々に維持できなくなるという事態がはじまった。雇用形態の多様化、年俸制あるいは成果主義の導入といったいわゆる欧米的な制度を導入する企業も登場するようになったが、企業倫理はそうした日本企業の欧米化を促進するための精神的制度といった理解もこの時期に出てきた。

　日本的経営の矛盾を乗り越えるための手段としての企業倫理理解が進む一方で、伝統的な日本の経営理念のなかにこそ倫理の真髄があるとする立場か

らの主張や、江戸時代以来の商家の社是、社訓あるいは家訓へ戻ろうとする復古主義的主張などもこの時期に登場する。またキヤノンの賀来龍三郎は仏教の「ともいき」の教えを発展させた「共生論」を展開し、コー円卓会議などは「Kyosei」を日本の倫理的伝統としてその原則のなかに加えるといったことまで行われた。

　そうしたなかで、先述の水谷雅一は1997年12月に「経営倫理実践研究センター」を設立する。この団体は企業会員制の経営倫理啓蒙普及団体であり、日本経営倫理学会とは姉妹団体ということになっている。当初は14社で発足し、「教育・研修部会」と「コード研究部会」の２つの月例研究部会をその活動の中心に『経営倫理』誌という季刊誌の発行、国際シンポジウムの開催、会員企業同士の交流と情報交換などを行なった。参加者は各企業の企業倫理・コンプライアンス担当者であり、発足当時はこの会の入会条件を満たすために新設された担当者が多く、ほとんどが企業倫理・コンプライアンス部署設立１年未満の企業であった。また企業行動規範をこれから作成する段階の企業もあり「コード研究部会」への参加社が多く、「教育・研修部会」では企業倫理研修とはどのようなことかを、手探りで研究するといった状態であった。

　当時先進的な日本企業としては資生堂がいち早く「Shiseido Code」を作成し、コードリーダー制という資生堂企業倫理プログラムの旗ふり役を全国に配置するというユニークな取り組みをはじめていた。また、富士ゼロックスでは社長からはじめて直属の部下に順次企業倫理研修をほどこしていく「カスケード方式」などが行われていた。その他では帝人、アコム、三菱地所、NECなどがコードをすでに作成していた。またテキサス・インスツルメント、バクスターなどの外資系企業はすでに本国からの指示で活動をはじめていたが、当初この方面では最も先進的な企業として入会が期待されていたIBMは参加しなかった。

4-3. 90年代後半

　90年代後半に入ると、さまざまな取り組みが百花繚乱といった状況で進展することになる。この時期、経営倫理実践研究センターの状況を中心に述べると、会員企業数は1997年の末の発足時14社であったものが、2000年までの実質3年間で約3倍弱の40社にまで増加した。研究部会も既存の教育・研究部会、コード研究部会に加えケース研究部会、監査研究部会などがはじまった。毎年秋に開催される国際シンポジウムにも、The Conference Board のロナルド・ベレンベイム（Ronald E. Berenbeim）、Council for Ethics in Economics のデイビッド・スミス（David Smith）、Ethics Officer Association のエド・ペトリ（Ed Petry）などアメリカの学者や実務家を中心に招聘し、日本企業の担当者にとっても参考になる実践的情報が普及することになった。

　またこの時期もさまざまな日本企業の不祥事が続発し、日本企業では企業倫理という言葉よりもコンプライアンスという言葉が普及しコンプライアンス型の取り組みも進展することとなる。こうした不祥事には、監督官庁の責任も問われ、各省庁もこの頃より対応せざるを得ない状況となっていった。もとより官庁の本務は法令に従って統治する「行政」であり、そこでは「倫理」よりも「コンプライアンス」という言葉が用いられる傾向があった。また、こうした施策には法律の専門家が登用されることも多かった。こうした時流の中で金融庁が中心となって進められた金融検査の一環として「コンプライアンス体制」の構築が求められたことから、銀行、保険、証券の各業界では順次コンプライアンス担当部署が設置され、業務の監視体制が構築されるようになった。また内閣府によるモデル行動規範の制定なども試行され、官庁主導のコンプライアンス体制強化の流れが加速することとなった。

4-4. 2000年以降

　2000年以降の進展では引き続き大きな企業不祥事が発生し、その影響で企業倫理プログラムを構築する企業が増加した。たとえば雪印乳業および雪印食品による二度にわたる不祥事、また日本ハムの牛肉ラベル付け替え事件な

どの食品に関する不祥事や東京電力による原発トラブル隠蔽など従来は安全、安心と思われていたことに対する信頼をゆるがす事件が相次いだ。

同時に、90年代中葉から取り組みをはじめた先進的な企業では実践的な施策や研究も進み、日常の業務にまで落とし込んだ倫理実践例やポスター、カードからEラーニング、イントラネットを使った倫理の啓発・浸透などさまざまな工夫と改善もみられるようになった。

また教育研修では座学中心の研修から、ケース・メソッドを使った参加型の研修を行なう企業が増加し、浸透・定着をめざした意識改革が進み、そうした企業の風土や体質転換が経営革新や職場活性化へもつながり、積極的なブランドの確立につながるような取り組みも現れるようになった。

さらに2003年に発表された経済同友会の第15回企業白書『「市場の進化」と社会的責任：企業の信頼構築と持続的な価値創造に向けて』が機縁となってCSRへの転換をはかる企業も多数出現し、2003年以降の数年は「CSRブーム」あるいは「CSRバブル」とよばれる過熱現象もみられるようになった。

5. 日本企業における企業倫理：課題

5-1. 制度化の進展とその特徴

さまざまな課題を抱えている日本企業における企業倫理制度化の現状を歴史的に追認してきたが、近年における日本企業の倫理制度化の現状とその問題点を概観して本章のまとめとしたい。以下に掲げた図表1-2は慶應義塾大学の2004年度COEプログラムによる調査結果をもとにまとめたものである。

まず、倫理綱領、行動基準、行動指針等の倫理的価値基準を示す文書の有無をみると、全体平均で72.5%の企業がすでにそのような文書をもっていると回答している。またこうした社内規範の適用範囲が取締役をふくむすべての正社員に適用されると答えた企業も69.9%にのぼっている。こうしたCodeとよばれる文書がここ10年来日本企業においても整備されてきているところから、日本企業においても企業倫理やコンプライアンスの制度化が進

●図表1-2　日本に於ける企業倫理制度化状況

企業倫理・行動指針の策定	72.5%
Code類のインターネット公表	18.3%
企業倫理担当役員の任命	34.2%
企業倫理委員会の設置	33.7%
企業倫理担当部署の設置	27.5%
社内相談窓口の運営	32.1%
社外相談窓口の設置	12.8%
モニタリングの実施	6.6%
教育・研修の実施	39.8%
現場での倫理活動組織設置	5.1%

出所：2004年度慶應義塾大学　COE調査より。

展し、それにともなった一定の価値転換が起こっていることをかいまみることができよう。しかしインターネット等を通じた社外への公表は18.3%にとどまり、社外秘あるいは社内限を原則とした扱いになっている現状も明らかである。欧米に比べると経営を巡る価値転換がそれほど顕著なものではなく、水面下での遅々とした変化と映るのは、日本企業にはこうした現象にあらわれている秘密主義、隠蔽主義的体質があることが窺える。

　企業倫理・コンプライアンス部署等の設置状況をみると、担当役員を選任している企業が34.2%、企業倫理委員会の設置が33.7%、企業倫理・コンプライアンス担当部署の設置も27.5%にとどまっている。行動指針等の文書は作成したものの、それを効果的に支えていく組織や責任の所在がはっきりしていない状況が読み取れる。

　さらに企業倫理・コンプライアンス担当部署の仕事としての教育・研修の実施は39.8%、社内相談窓口の運営は32.1%である。ホットライン、ヘルプラインなどとよばれる社内相談窓口で、匿名の相談は26.0%で実施されており、社外に相談窓口を設置していると答えた企業は12.8%にとどまっている。また、企業倫理・コンプライアンスの定着・浸透状況をチェックするモニタ

リング活動を実施している企業も全体で6.6％にすぎない。ここでも文書を定着させる運営ができていない状況があることが予想される。

　また、企業倫理・コンプライアンスは現場での継続的活動を促進する組織や推進担当者の存在が欠かせないが、現場での責任者は16.3％、現場での倫理活動組織は5.1％しか設置されていないという状況も明らかになった。さらに倫理や法令遵守を実務において徹底することを約束したり宣誓したりする制度は8.1％の企業で実施されている。

5-2. 中小企業における制度化の遅れ

　こうした制度的調査は過去10年ほどの間で数多く行なわれてきたが、本調査では正社員数による企業規模別に1000人以上、1000人未満500人以上、500人未満の3つのカテゴリーにわかれたデータが初めて得られたことに特徴がある。とくに正社員数500名未満の企業が84社も回答してきている点が興味深い。

　企業倫理・コンプライアンス制度化の3要件といわれている、

　・倫理行動基準の整備
　・担当役員および部署の設置
　・教育・研修の実施

を中心にして比較してみると、従業員数1000人以上の企業での取り組みは他の調査とほぼ一致する結果が確認されると同時に、1000人未満、500人未満の中小企業での状況を比較することも可能である。以下の図表1-3は2002年

●図表1-3　日経団連調査と慶應義塾大学COE調査の比較

	日経団連調査（03）	慶應義塾大学COE調査従業員規模別結果（04）			
	（会員企業613社）	（1000人以上）	（500人以上）	（500人未満）	（慶大COE計）
倫理基準	79.1％	87.9％	69.6％	61.9％	72.5％
担当役員	53.0％	54.6％	37.0％	16.7％	34.2％
担当部署	24.3％	46.9％	30.4％	10.7％	27.6％
相談窓口	51.2％	59.1％	28.3％	13.1％	32.1％
教育研修	65.4％	62.1％	34.8％	25.0％	39.8％

12月から2003年3月にかけて行なわれた、日本経済団体連合会の調査との比較をまとめたものが図表1-3である。

　1000人以上のいわゆる大企業では企業倫理プログラムの制度化が進展しており、日経団連の調査（大企業中心）の結果との一致傾向がみられる。それに対して、従業員数1000人未満および500人未満の企業での実践状況とは格差が読み取れる。概ね割合は2003年度のものよりも劣っている。また500人未満の企業でも倫理基準等の文書は61.9％と比較的整備されているものの、担当部署、相談窓口、教育研修など組織的な企業倫理・コンプライアンスの浸透・徹底に不可欠な要素が手薄になっており、今後の課題が明確になったといえる。

　結論として、21世紀に入り日本企業においても大企業を中心に企業倫理の制度化が相当の進展をみせはじめているものの、中小企業での展開はこれからであるということができる。とくに日本企業のおよそ98％が中小企業であることを勘案すると、中小企業における倫理制度化は大きな課題であるといえる。また、中小企業においても倫理基準等の文書レベルでの導入はそれなりの割合に達しているのに、組織や教育・研修といった倫理の定着・浸透にかかわる施策での遅れが目立つのが大きな懸念材料である。下請けや子会社、関連会社といった大企業が系列化した中小企業が問題を起こしたとしても、結果的には親会社が責任を問われることは不可避だからである。形式的体制は整ってきたものの、子会社や下請けといった現場の組織風土にまで落とし込まれた態勢が欠如しているとすれば、これは改善すべき課題事項である。また経営資源に限りのある中小企業にとっては、細かい項目が羅列されたコンプライアンスやCSRの規格に準拠することは負担が大きく、今後は中小企業にも取り組みやすい制度化の施策も検討されてしかるべきであろう。その点からも、微細にわたるコンプライアンスやCSRの制度化から、より簡素化された価値共有型の制度化を普及させることが日本企業にとっては急務であるように思われる。日本における経営の価値転換はこの10年あまりで形

式的体制は大きく進展したものの、大企業から中小企業、経営トップから現場までの大きな意識転換と態勢構築が求められる局面を迎えているといえよう。

注

1 Paine, L.S., *Value Shift: Why Companies Must Marge Social and Financial Imperatives to Achieve Superior Performance*, McGraw-Hill, 2003, p.18（鈴木主税・塩原通緒訳『バリューシフト：企業倫理の新時代』毎日新聞社、2004年）.
2 そのあたりの事情は拙著「アメリカにおける企業倫理論」『企業倫理と企業統治』中村瑞穂編著、文眞堂、2000年、pp.13-27を参照のこと。
3 ペイン著、鈴木・塩原訳、前掲書、pp.29-35。
4 ペイン著、鈴木・塩原訳、前掲書、p.38。
5 ペイン著、鈴木・塩原訳、前掲書、p.22。
6 Integrative Social Contracts Theory と呼ばれる理論のなかで90年代後半に展開されたもので、その最終版は Donaldson, T. and T.W. Dunfee, *Tie that Bound: A Social Contracts Approach to Business Ethics*, Boston: Harvard Business School Press, 1999 で示されている。日本語での紹介論文としては梅津光弘「国際的多元化社会における企業経営と倫理」『慶應経営論集』第13巻、慶應義塾経営管理学会、1995年がある。
7 L.S.ペイン著、梅津光弘・柴柳英二訳『ハーバードのケースで学ぶ企業倫理：組織の誠実さを求めて』（慶應義塾大学出版会、1999年）p.82所収の表を変形したものである。
8 中村瑞穂「アメリカにおける企業倫理研究の展開過程」『明大商学論叢』76-1、1994年、p.223。

第2章
「企業不祥事」と企業における問題の認識

1. はじめに

　企業による不祥事[1]が、連日、マス・メディアに取り上げられている。少し古いところでは、雪印乳業や三菱自動車工業、新しいところでは、西武鉄道、JR西日本、カネボウ、クボタなど、日本を代表するような大企業が不祥事を起こし、社会から強く非難されている。近年の企業不祥事発覚の契機は関係者の内部告発による場合も多いが、いずれにせよ、ある特定の個人や組織がある企業の活動を問題だと指摘し、その企業に然るべき対応を要請するという行動が発端になって企業不祥事は表面化しているといってよい。

　企業活動をめぐる社会的課題事項（social issues）に関わるようなステイクホルダーからの何らかの要請は、期待される企業活動と現実の企業活動との間にギャップが存在し、そのようなことは問題（issue）であると特定のステイクホルダーが認識するところから生まれる。そして、そういった特定の要請に対する企業の応答がいかなるものであるのかが、その後の問題の発展に強く作用している。昨今、こうした一連のやりとりにおける企業側の不適切な応答によって企業そのものの存続が危うくなるようなケースも出てきている。雪印乳業と雪印食品の不祥事や三菱自動車工業の不祥事などはその典型例であろう。つまり、企業にとっては、いわゆる社会的課題事項をどう認識し、それに対してどう対応していくのかが極めて重要になってきている

のである。

　われわれは、適切な企業活動が遂行されることを望むし、企業による不祥事の頻発という事態が好ましいものだとも思わない。したがって、適切でない企業活動があればそれを是正するよう当該企業や産業界全体に対して声を大にして申し述べることになる。一方で、近年、企業倫理の制度化やCSRの規格化などが声高に叫ばれており、そうした社会の動向をうけ、多くの企業で企業倫理担当部門やCSR担当部門が設置され、企業倫理綱領が策定されたり、企業倫理研修、CSR研修が行なわれたりしている。にもかかわらず、不適切な企業活動の是正を求めるようなステイクホルダーからの要請に対する企業側の応答は必ずしも迅速であったり、適切であったりするわけではないし、企業不祥事そのものがなくなったりするわけでもない。

　要するに、われわれが適切な企業活動の遂行を望むならば、そういった企業側の「応答の鈍さ」や「応答の拙さ」の原因を明らかにする必要があるということなのである。言いかえるならば、本当の意味の企業倫理の制度化やCSRの遂行を企業に求めるためには、なぜ企業はなかなか適切な行動をとることができないのかということや、なぜ企業倫理やCSRがお題目に終わってしまうのかということを明らかにする必要があるということになる。

　そのような大きな問題意識のもと、差し当たり本章では、(1)企業活動をめぐる社会的課題事項に関わるステイクホルダーからの要請に対する企業の応答を、企業による問題の認識という観点から適切なものと不適切なものに分類していく。そのうえで、(2)そうした枠組みを用いて雪印乳業集団食中毒事件を分析し、不適切な応答がどのような事態を招くのかということを提示する。一方で、(3)企業がそうした問題を認識することがいかに難しいかということも明らかにする。

　なお、本章においては、企業活動をめぐる「社会的課題事項」を、アッカーマンとバウアー（Ackerman, R. W. and R. A. Bauer）が3分類した問題[2]、すなわち、(1)企業の活動によって直接的に引き起こされたものではない、あるいは仮に企業の活動によって直接的に引き起こされたとしても、む

しろ社会の欠陥を反映したものと理解すべきである職業差別、貧困、麻薬、都市の荒廃などといった企業外部にある問題、(2)通常の経済活動の外部への影響、すなわち生産設備からの公害、財・サービスの質、安全性、信頼性、マーケティング活動から生じる「曖昧さ」「ごまかし」、工場閉鎖や工場新設の社会的影響といった問題、(3)企業内部に発生し、通常の経済活動と本質的に結びつく、雇用機会均等、職場の健康・安全、労働生活の質などといった問題と捉えるとともに、そうした大きな問題の原因となるような小さな問題をも包括したものとして捉えることにする。

また、企業に対するステイクホルダーからの要請という場合の「要請」を、社会学者のスペクターとキツセ（Spector, M. and J. I. Kitsuse）のいう「クレイム（claim）」という概念と同義で用いる。中河伸俊はスペクターとキツセの「クレイム」の概念について、要請、要求、主張、請求、表明、権利の言明などを文脈に応じて使い分けるべきだと理解している。したがって、中河自身はその意味内容を適切に表現できる日本語がないとの理由から無理に訳出せず、「クレイム」という表現を用いている[3]。しかし、本章では、「クレイム」という日本語が、一般には「苦情」という意味内容で用いられることが多いことに鑑みて、スペクターらの議論を紹介する場合以外は「要請」という言葉を用いることにする。

2.「要請」の発生と応答のパターン

あるステイクホルダーが、期待される企業活動と現実の企業活動との間にギャップが存在していると認識し、それは問題であると理解し、さらにはそのような問題の解決を求めるとき、そこに特定の「要請」が生まれることになる[4]。すなわち、ある特定の要請が発生するということは、そのような要請を申し立てようとするステイクホルダーが、期待される企業活動と現実の企業活動との間にギャップ（問題）が存在していると認識していることを意味する[5]。

現実の企業活動は企業自身が想定する企業活動のあり方に強く規定される

ことから、そもそも社会の側が期待する企業活動と企業の側が想定する企業活動との間にギャップが存在すれば、当然のことながら社会が期待する企業活動と現実の企業活動との間にもギャップが生まれることになる。他方、社会の側が期待する企業活動のあり方と企業の側が想定する企業活動のあり方が同様のものでありながら何らかの理由により現実の企業活動がそのような水準に達しないというケースもありうる。そのような場合にも期待と現実との間にギャップが生じることになる。つまり、企業活動をめぐる社会的課題事項が生じることの原因には、社会と企業の間での期待される企業活動像の違い（見解の相違）によるものと、両者の間に期待される企業活動像の違いはないものの、能力および意識的な面の欠如から現実の企業活動が期待される企業活動と乖離してしまっていること（能力・意識の欠如）によるものとがあるということになる。

　すでに述べたように、こうして生じたギャップを解消しようとステイクホルダーが望むとき、そこにはある特定の「要請」が生まれる。そして、この要請に対する企業の応答のパターンには次のようなものがあると考えられる[6]。まず、そのようなステイクホルダーからの要請の内容を受け入れるか否かという観点から、「要請を受容する」「要請を受容しない」という2パターンに分けられる。前者はさらに、「先行的に対応（受容）する」「順応的に受容する」「仕方なく受容する」に分けられ、後者は、要請の内容そのも

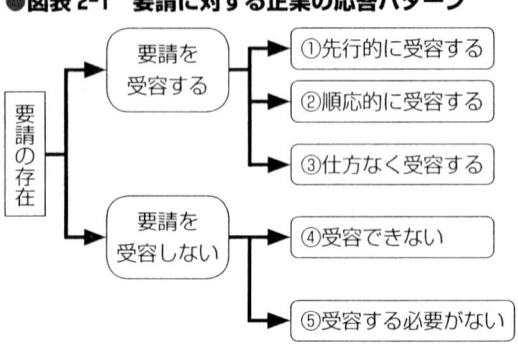

●図表2-1　要請に対する企業の応答パターン

要請の存在
- 要請を受容する
  - ①先行的に受容する
  - ②順応的に受容する
  - ③仕方なく受容する
- 要請を受容しない
  - ④受容できない
  - ⑤受容する必要がない

のはもっともだと認めつつも、要請を「受容したくない・受容できない」とする応答と、なぜそのような要請を受容しなければならないのかわからないという意味での「受容する必要がない」といった応答に分けられる。これを図示すると図表2-1のようになる。

3. 問題の認識と要請の受容

　なぜ、このように企業の応答には複数のパターンが存在するのであろうか。それは、企業がステイクホルダーからの要請を受容するかどうかということが、企業がそこに存在する問題を認識しているかどうかという点と関連していることによる。

　そのように考えると、図表2-1の企業による要請への応答パターンは、さらに、現実の企業活動と期待される企業活動との間にギャップが存在し、なおかつそれが問題であると企業側が認識するか否か、つまり企業による「問題の認識（ステイクホルダーとの間での問題の共有）」という観点と、ステイクホルダーからの要請を受け入れるか否か、つまり「要請の受容」という観点から4つのタイプに整理することができる。

　すなわち、(1)企業側がそのことを問題だと認識しており、したがってステイクホルダーからの要請を受容しようというもの、(2)企業側はそのことを問題だとは認識しないが、何らかの理由によりステイクホルダーからの要請を受容するというもの、(3)企業側もそのことを問題だと認識しているが、何らかの理由によりステイクホルダーからの要請を受容しないというもの、(4)企業側はそのことを問題だと認識しないので、当然のことながらステイクホルダーからの要請も受容しないというものである。

　図表2-1に即して考えれば、(1)に該当するものが①の「先行的に受容（対応）する」と②の「順応的に受容する」であり、(2)に該当するものが③の「仕方なく受容する」、(3)に該当するのが④の「受容したくない・受容できない」、(4)に該当するものが⑤の「受容する必要がない」となろう。以上を整理したものが図表2-2である。

●図表 2-2　企業における問題の認識と要請の受容

	要請を受容する	要請を受容しない
問題だと認識する	(1)それは確かに問題だから対応しよう	(3)それは確かに問題だが対応はしない
問題だと認識しない	(2)それは問題だとは思わないが、対応しよう	(4)問題はないので、対応する必要はない

　図表2-2の(1)に該当するような応答をする企業を仮に「良い企業」とよぶならば、そうした企業は、最初から良い行動をしている場合もあれば、ステイクホルダーからの指摘で問題の存在に気づき良い行動をするようになる場合もある。前者は先行的に問題を認識しそのような問題に対応する企業であり、そうした企業はもともと社会との間で問題が共有されている状態にある。一方、後者はステイクホルダーからの要請を順応的に受容する企業である。こうした企業はステイクホルダーからの指摘によって問題を認識するようになったとみることができる。そして結果として企業と社会との間で問題が共有されている状態になる。

　(2)は、ステイクホルダーが問題だと指摘していることの意味はわからないが、何らかの理由に基づきステイクホルダーからの要請を受容しておいた方がよいだろうと判断した企業の行動を意味する。他社が不祥事を起こして大問題になったから、わが社は対応しておこうといった行動や、力のあるステイクホルダーからの要請だから受容しておこうといった行動が典型的であろう。また、ステイクホルダーからの要請を誤解して受容する行動もこれにあたる。このような行動をとる企業は問題の本質的な意味を理解していないという点で「場当たり的な企業」といってもよい。したがって、別のステイクホルダーから同様の問題の存在を指摘されたとしても、そうした要請を受容するかどうかはわからない。

(3)は「悪意ある企業」のとる行動で、悪いことをしているという認識をもちながらもステイクホルダーからの要請は受容しないといった確信犯的な行動を示している。もちろん、何らかの事情で要請を受容したくてもできないということも考えられる。たとえば技術的な理由や、経済的な理由、時間的な理由でステイクホルダーからの要請を受容できないというケースである。しかし、倫理的な企業であれば何らかの事情でステイクホルダーからの要請に100％応えることができなかったとしても、できないなりの対応を模索するはずであろう。そのような意味で、こうしたケースも(3)に分類できるといえる。

(4)は、ステイクホルダーが問題だと指摘していることの意味がわからず、したがってステイクホルダーからの要請を受容しないという、いわば「社会に対して無知な企業」の行動である。こうした行動は、ステイクホルダーからの要請との間のズレを増幅させることになるがゆえに、特定の問題が社会問題化していく際の大きな要因となる場合がある。また、社内の情報共有に関わる仕組みの不備などにより、企業として問題を認識できないという場合もある。

なお、前節で述べた期待と現実のギャップの発生原因でいえば、「見解の相違」によるものが図表2-2の(2)、(4)に関わり、「能力・意識の欠如」によるものが(1)、(3)に関わるといえる。

4. 雪印乳業の場合

ここで、2000年に起きた雪印乳業集団食中毒事件、および2002年に起きた雪印食品牛肉偽装事件の際の雪印乳業の対応を図表2-2の枠組みを用いて簡単に分析してみよう[7]。

雪印乳業集団食中毒事件は、2000年6月27日に和歌山県の消費者から最初の苦情が入った時点からはじまる。このときには、すぐに営業担当者が現地に赴き問題となった製品を試飲しているが、とくに異常を感じなかったため食中毒とは認識せず通常の苦情対応処理を行なっている。また、この当時は

消費者からの苦情（クレーム情報）を全社的に一元管理する仕組みがなかったために、現場レベルでは単発の苦情としてしか認識しないような状況にもあった。つまり、この段階では図表 2-2 でいう(4)の「問題はないので対応する必要はない」という行動をとったことになる。

　翌 6 月 28 日にかけて、さらに複数の苦情が寄せられるが、雪印乳業では食中毒という可能性だけでなく、乳製品に毒を入れられたのではないかという可能性も考えられていた。というのも、この直前に、参天製薬が製品への毒物混入をほのめかす恐喝事件に巻き込まれていたからである[8]。この場合も、雪印乳業は消費者との間で問題を共有できておらず、したがって、製品の回収もしくは食中毒への対応をしてほしいというような要請を受容していないことから(4)の「問題はないので対応する必要はない」という行動をとっていたとみることができる。

　その後、6 月 29 日にかけて、雪印乳業も食中毒だとの認識をもつようになり、食中毒対応を行なうようになる。こうした応答は(1)の「それは確かに問題だから対応しよう」に該当する行動だといえる。ただしこの時点では、後手にまわる対応そのものについての批判（要請）が強くなっていたので、そうした応答の不備についてなされた批判（要請）には十分に応えていなかった。したがって、その点については、結果的に雪印乳業は(4)の「問題はないので対応する必要はない」という行動をとっていたことになる。

　もっともこの時期の雪印乳業は、マスコミから突きつけられた事実が真実かどうかを社内調査するのが精一杯で、企業として問題を認識することができなくなっていたと思われる。また、「風評」が「事実」として報道され、それに基づいて社会から批判されることなどもあった。そのため、結果的に指摘されている問題が理解できないまま、各ステイクホルダーからの要請を受け入れたり、あるいは受け入れなかったりということが多々あったようである。この段階での雪印乳業は問題を認識しないまま、ステイクホルダーからの要請を受容したという意味で(2)の「それは問題だとは思わないが対応しよう」に該当する行動をとっていたり、問題を認識できなかったために、結

果的にステイクホルダーからの要請も受容しなかったという意味で(4)の「問題はないので対応する必要はない」という行動をとっていたりしたことになる。

　雪印乳業は集団食中毒事件が一段落したあと、「企業風土の刷新」「品質保証の強化」「平成14年度黒字化に向けて」という3つの施策からなる「雪印再建計画」を策定した。そしてその一環として2000年10月に企業風土の刷新と経営改革を行なうために、マーケティング学者やナレッジ・マネジメントの研究者、弁護士、畜産・酪農関係者などといった外部の有識者からなる経営諮問委員会を設置している。経営諮問委員会は会議中心の委員会であり、最終的に①信頼回復・CSの推進・広報のあり方、②コーポレートガバナンス・IR・組織、③社内風土刷新・企業倫理の確立・法令遵守と危機管理、④事業領域と新しいマーケティングの方向性、⑤環境問題・社会貢献という5点について提言をまとめ、2001年3月に解散している。

　上記の経営諮問委員会のメンバー構成や提言内容からもわかるように、この段階では、雪印乳業は傷ついたブランドの再生や業績の回復、社内体制の整備などを中心的な問題として位置づけていたようである。また、食中毒事件については、どちらかといえば「企業倫理」の問題というよりも「品質管理」「消費者対応」の問題として理解していたようである。実際、企業倫理という視点は経営再建の施策のなかのひとつとして位置づけられているにすぎない。そのことは、たとえば、2001年4月に策定された『雪印企業行動憲章2001』でも、1番目の項目が「お客様第一主義」、2番目の項目が「商品の安全確保」であり、企業倫理に関する項目は3番目、「法令・規程の遵守」という項目は5番目となっているということからも窺い知ることができる。

　つまり、これらのことから、社会は「雪印乳業集団食中毒事件」を「企業倫理」の問題と認識していた一方で、雪印乳業自身は「雪印乳業集団食中毒事件」を「品質管理」の問題、「消費者対応」の問題と認識していたとみることができるのである。したがって、実際には雪印乳業は社会の側と問題を共有していなかったということになる。その意味で、食中毒事件後の雪印乳

業の行動は、結果として(2)の「それは問題だとは思わないが対応しよう」や(4)「問題はないので対応する必要はない」という行動になっていたといえる。

しかし、2002年1月に関連会社の雪印食品による牛肉偽装事件が発生する。社会の側は「雪印」がまた非倫理的な行動をとったという認識のうえに立ち、雪印乳業ならびに雪印食品に対して批判を強めることになる。すでに述べたように、社会は「雪印乳業集団食中毒事件」を「企業倫理」の問題と認識していたので、当然のようにそのような反応をしたのである。ここで雪印乳業はふたたび危機的な状況に追い込まれる。しかし、この「雪印食品牛肉偽装事件」の際には、雪印乳業内部でも「企業倫理」が問題であるとの認識が共有され、抜本的な改革へ向けての動きが強まったという。つまり、この段階で雪印乳業においては社内外における問題の共有がなされたわけである。

そのような状況のなか、雪印乳業に対して株主オンブズマンから、①消費者の代表を社外取締役にすること、②その人が代表をつとめる商品安全監視委員会を作ること、③その委員会には社外の委員を半数以上入れることという3点の要請があった。そもそも当時の幹部にもそうした提案と同様の考えがあったため、結果的に要請を受け入れた形で、雪印乳業は消費者団体の重鎮である全国消費者団体連絡会事務局長の日和佐信子を社外取締役に迎え入れ、2002年6月に日和佐を委員長とする企業倫理委員会を設置した。この企業倫理委員会は企業倫理研究者がメンバーに加えられているところに特徴がある。

「雪印食品牛肉偽装事件」はまさに企業倫理に関わる事件であったために、雪印乳業では「倫理が仕事の土台である」という認識のもと、事件後は企業倫理制度化へ向けた活動を開始した。そして、この段階では「雪印乳業が存続できるかどうか」ではなく、「雪印乳業は存在する必要があるのか」というレベルから議論を重ねたのだという。

以上より、牛肉偽装事件に直面し、雪印乳業は(1)へ向けて自社の行動のあり方を変えなければならないということに気づいたようである。実際、当時の雪印乳業の社内には「もう一度事件を起こしたらわが社はつぶれる」とい

う認識が共有されていたため、企業倫理制度化へ向けた取り組みの重要性について反対する者は存在しなかったとされる。

5. なぜ企業は社会的課題事項を認識できないのか

　雪印乳業の事例でもわかるように、現実には企業が社会的課題事項（social issues）を認識するのは難しい。とりわけ、食中毒事件の際の雪印乳業のような複雑な状況におかれてしまうと、企業として問題を認識することはほぼ不可能となってしまう。

　企業の問題認識を妨げてしまうような、そうした複雑な状況は、問題の連鎖と問題の複合という現象から生まれる。

　すでに述べたように、ある特定の要請は、あるステイクホルダーがそこに問題が存在していると認識するところからはじまる。そして問題の発展過程ではさまざまな要請が申し立てられたり、支持の表明、反論、再反論、調査の要求、解決策の提示、その採択などというさまざまな活動が観察される[9]。すなわち、ある特定のステイクホルダーが問題だと認識していることが、他のステイクホルダーの利害ないし関心と一致したり、逆に利害ないし関心と対立したりするとき、他のステイクホルダーがその問題をめぐり具体的な行動を起こすのである。そして「ある企業活動は非正当である」というような認識が広く共有され、そこでなされている要請に正当性が認められてくるようになると問題がいわばパブリックな性格を帯びたものとなる。

　このことは、ある問題が発展する過程で新たな問題が生まれることがあるということをも意味している。すなわち、問題が問題を生むというような現象である。ここではそのような現象を「問題の連鎖」とよぶことにしよう。そして、この問題の連鎖には、当初のステイクホルダーからの要請に対する企業側の応答の不適切さから生まれる「応答による連鎖」と、他のステイクホルダーの関心が高まることによって生まれる「関心による連鎖」とがある。「応答による連鎖」は、企業側の不適切な応答そのものを問題だとして指摘する形で生じるもので、企業がステイクホルダーからの要請を受容しなかっ

た場合や、問題を認識せずにステイクホルダーからの要請を受容した場合にみられる。すなわち、図表2-2における(2)から(4)の応答がこれに該当する。一方の、「関心による連鎖」は、要請の存在が他のステイクホルダーの知るところとなり、そこで指摘されている問題が、直接、間接にそうしたステイクホルダーの利害や関心に影響を及ぼすことが明らかになった際に生じると考えられる。とりわけ、メディアがこうした企業とステイクホルダーのやり取りを取り上げた場合に、連鎖が飛躍的に進展する。

　こうして問題の連鎖が進めば、結果としてその時点で問題は複数存在することになる。そして、この複数の問題それぞれについて多様なステイクホルダーによる企業に対しての要請が形成されることになる。このように問題が複数同時に存在する状況を、ここでは「問題の複合」とよぶことにしよう。これらのことを前提にして考えると、一見するとひとつの問題に見えるような問題も、実際には複数の問題群によって形成されていたり、一連の問題の連鎖であったりする場合もあるということになる。

　一般に、問題は図表2-3に示したように時間とともに関心が高まり、やがて関心が失われていくというようなライフサイクルをもつ。これを基本型とするならば、問題が連鎖しているというのは、図表2-4にあるように、問題が問題をよぶなかで、次々に問題のピークが訪れるというような状況を意味する。さらに、問題が複合しているというのは、図表2-5に示すように、問題の連鎖の結果、ある時点で大小さまざまな問題が同時に存在しているような状況を意味することになる[10]。

　ところで、前節で見た雪印乳業の食中毒事件の際にはどのようにして問題の連鎖や複合が生じたのだろうか。

　前節で述べたように、雪印乳業は当初消費者からの食中毒ではないかという苦情（要請）に対して、それは食中毒ではないと判断し通常の苦情処理をしている。また、その後も食中毒ではなく何らかの事件である可能性を疑っていた。つまりこの段階では、雪印乳業は「食中毒（問題1）」という認識をもたず、したがって食中毒対応をしていないため図表2-2でいえば(4)の応

●図表 2-3　問題のライフサイクル（基本型）

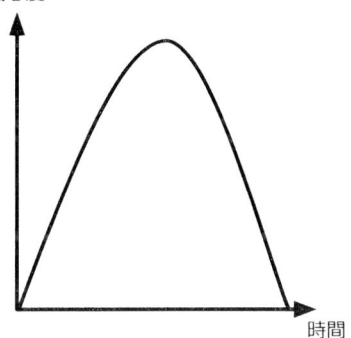

関心度／時間

●図表 2-4　問題のライフサイクル（連鎖）

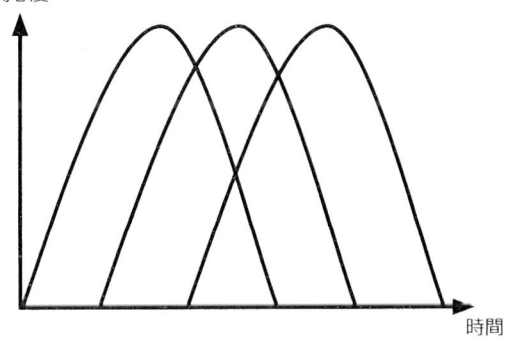

関心度／時間

●図表 2-5　問題のライフサイクル（複合）

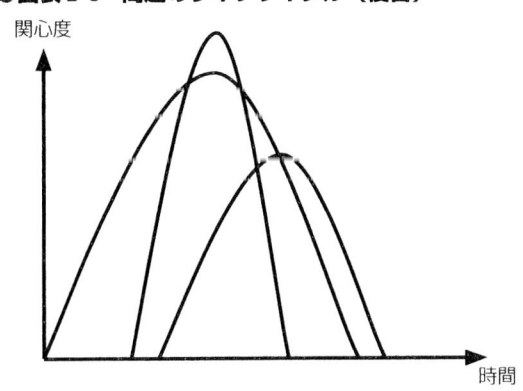

関心度／時間

答をしたことになる。このことが「対応が悪い（問題2）」といったような問題を引き起こしたわけである（応答による問題の連鎖）。しかも遅ればせながら食中毒への対応（(1)の応答）をするなかで問題2に対する応答が十分ではなかったため（(2)の応答）、結果として他のステイクホルダー（たとえば、保健所やマスコミ、公衆）の関心をよび（関心による問題の連鎖）、問題2は社会問題化することとなる。一方で、調査が進むにつれ、「大阪工場の杜撰な品質管理（問題3）」などさまざまな問題が明らかになってくる。この段階では、すでに問題が高度に複合していたため、いくつかの問題に対しては、雪印乳業は図表2-2でいう(4)の応答をしてしまったのである。これら一連の流れを図示したものが図表2-6である。

　要するに、ある時点でどのような問題が存在し、それに基づきどのような要請が誰からなされているのかを十分理解しないままに企業が「不適切な応答」をした場合、説明責任が果たされないことになり、当初の問題に対する

● 図表2-6　雪印食中毒事件の際の問題の連鎖と複合

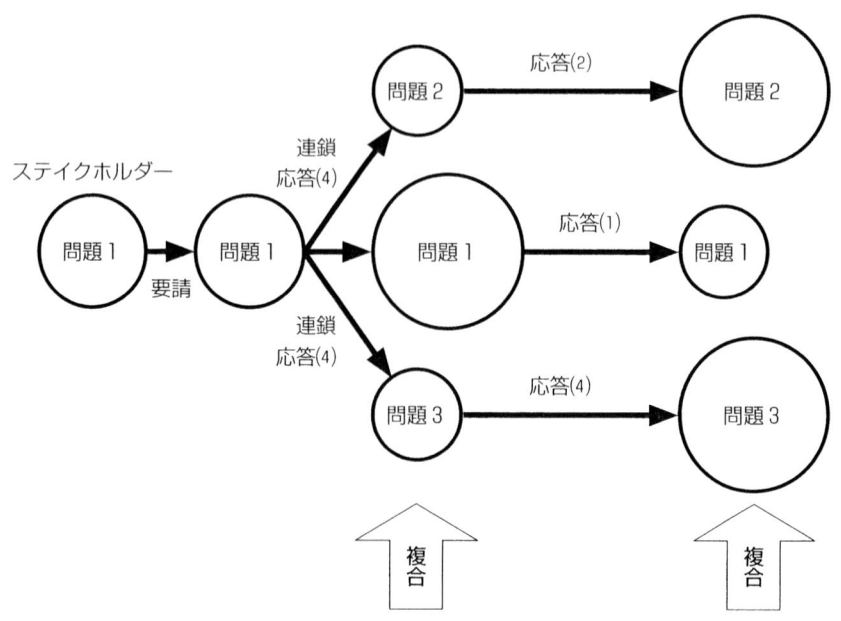

社会的な関心が高まるだけでなく、問題の連鎖も生じ、結果として問題が複合した極めて複雑な状況が生まれてしまうということなのである。そうした際には企業はステイクホルダーとの間で問題の共有がなされていないので、企業側からすると問題が予想を超えて急速に関心の範囲と強度を拡大していくような印象をもつことになる。このような状況で企業が問題を認識したり、多様なステイクホルダーからの要請を受容したりするのは事実上困難であろう。

そうだとすれば、企業側はそうした複雑な状況になる前に、図表2-2でいう(1)の「それは確かに問題だから対応しよう」という応答をすればよいということになる。しかし、ある問題を認識するかしないか、あるいはある要請を受容するかしないかということはパラダイムの問題でもある。したがって、企業内部と企業外部でパラダイムが異なる場合、企業は問題を認識することはできないのである。あるいは、特定のパラダイムに立ってしまうとその他のパラダイムから提出される問題を認識することはできなくなるといってもよい。

一般に、パラダイムにはどのような情報に注目するかというような注意の焦点を決めるフィルターとしての働きがある。したがって、そのフィルターにかからなりれば企業は問題を認識しない。また、情報探索の方法と方向を決めるという働きがあるため、そもそもその問題に関わる情報は企業内部に入ってこない可能性もある。また、仮に企業内部に情報が入ってきたとしても別の解釈がされ、そうした解釈のもとで「ずれた決定」が下されることもある[11]。

第2節で、企業活動における期待と現実のギャップの発生原因には「見解の相違」によるものと「能力・意識の欠如」によるものとがあると述べた。この「見解の相違」は、まさに、パラダイムのもつフィルターの働き、すなわち問題の認識や情報の取り込みに関わる働きからもたらされる。また、「能力・意識の欠如」が原因であっても、ステイクホルダーから指摘された問題が企業内では優先度が低くなるという意味で、企業内部特有のパラダイ

ムの存在が影響している可能性もある。

　この企業内部と企業外部におけるパラダイムの違いこそが問題の連鎖や複合を生みだす原因である。すなわち、あるステイクホルダーからの要請の背後に存在する問題を認識することなく、結果的に不適切な応答をすればそこにギャップが生じ、このギャップが問題の連鎖や複合を生むことになるのである。さらに、問題が多数のステイクホルダー間で共有されていた場合には、不適切な応答がそうしたステイクホルダーに影響を及ぼし、同様に問題の連鎖や複合を生むことになる。また、特定のステイクホルダーからの要請のみに対応しても他のステイクホルダーからの要請に対応したことにはならないこともあり、結果としてそこにギャップが生じ、同様に問題の連鎖や複合が生まれることもある。

　社会的課題事項はステイクホルダーが認識する問題であるとともに、ステイクホルダーズが認識する問題であるというところにその特徴がある。すなわち、企業内部のパラダイムとは異なるパラダイムに立つものからの問題指摘であり、さらに多様なパラダイムをもったものが多数存在するということを意味する。このことが、企業における問題の認識を困難にし、ステイクホルダーからの要請に対する企業の応答を難しくしていると見ることができるのである。

6. むすびにかえて

　現代大企業が社会に対して与える影響を考えれば、社会が機能していくためには企業が社会から認められるような適切な活動をしていくことが大切であるのは論をまたない。それゆえに、企業にとって、社会の側で社会的課題事項だと認識されるような企業活動を遂行しないよう社会との間で問題を共有することが必要となってくる。もちろんこれはステイクホルダーからの要請にただ応えればよいということを意味しているわけではない。「お客様の声」がいつも正しいかとは限らないからである。エプスタイン（Epstein, E.M.）が企業倫理を「一般に認められた社会的価値観にもとづき、企業活

＜代表事例＞

◆雪印乳業の改革

　本文でも述べたように、雪印乳業は二度の事件を経験したことにより、大きな変革を余儀なくされた。その結果、現在では社内外での問題共有が進んでいる。

　社外との問題共有にむけての取り組みとしては、まず、本社による一元管理方式によるお客様センターの設立があげられる。食中毒事件前、お客様センターは全国6カ所にあったが、これらを本社に集約することで問題発見の精度を高めようとしたのである。さらに、日和佐信子氏の社外取締役への抜擢、社外委員によって構成される企業倫理委員会の設置、お客様モニター制度の導入、『雪印乳業行動基準』の社外への公開などが行なわれている。

　社内での問題共有へむけての取り組みとして特筆すべきは、『雪印乳業行動基準』の作成プロセスであろう。食中毒事件後の2001年4月に策定された『雪印企業行動憲章2001』は、経営諮問委員会からの指示のもとで、外部のコンサルティング会社に依頼して作成したものであった。しかし、2005年1月に制定された『雪印乳業行動基準』は、企業倫理室を中心とした社内プロジェクトチームによりフレーム案が作られている。そのフレーム案について、正社員・準社員など770名に対してヒアリング調査が行なわれるとともに、役員との意見交換が行なわれ、それらをもとに原案が作成されたのである。さらにこの原案について全社員に対するアンケートや社長、役員、本部長に対する個人面談、社外の人との間での意見交換などが行なわれ、最終案が作成されている。このような社内での問題共有のプロセスを経た結果、正社員、パートを含めて全員が企業倫理基準の宣誓書に署名することができたのである。

出所：岡田佳男氏（雪印乳業株式会社コンプライアンス部長）へのインタビュー、2004年4月7日、2004年8月16日、雪印乳業株式会社本社。
　　　岡田佳男「雪印乳業行動基準の作成と実践について」『経営倫理』No.31、経営倫理実践研究センター、2003年。

動の通常の進行過程における企業主体(個人および組織体)の制度・政策・行動の道徳的意義に関して行なわれる体系的内省」[12]としていることからもわかるように、企業には一般に認められた社会的価値観に基づき行動することが求められているのである。

とはいえ企業内で支配的なパラダイムを変えることは難しい。したがって、各企業における企業倫理の制度化を実効性あるものとするためには組織における認識という問題にさらに深く切り込む必要があるといえる。さらには、「善良な人が組織のなかでは不正をはたらいてしまうことがある」という意味の「悪しき信念」の問題、すなわち組織内での人間行動の問題を考えることも必要となってくる。

そのような意味で、今後の企業倫理研究においては、組織論研究への学問的な接近が積極的にはかられるべきだといえるだろう。

注
1 一般に「企業不祥事」がさし示す事柄は多岐にわたる。事故もあれば事件もあるし、故意の場合もあれば過失の場合もある。さらに、企業のトップレベルで生じた問題もあれば、現場レベルで生じた問題もある。ここではそうした「企業不祥事」をさしあたり区別することなく、一般に捉えられているレベルで用いることにする。また、「不祥事」という言葉そのものについては、第1章で指摘されたように概念規定の曖昧さや企業にとって不運な出来事というようなイメージが込められているなどといった問題が存在するが、そうした問題の存在を了解したうえで、本章では「企業が引き起こした社会にとって好ましくない事件や事故」という意味内容のものとして把握することにしたい。
2 Ackerman, R.W. and R.A. Bauer, *Corporate Social Responsiveness: The Modern Dilemma*, Reston, 1976, p.10.
3 Spector, M. and J.I. Kitsuse, *Constructing Social Problems*, Transaction Pub., 2001, pp.75-76.(村上直之・中河伸俊・鮎川潤・森俊太訳『社会問題の構築』マルジュ社、1992年、p.119)
中河伸俊『社会問題の社会学』世界思想社、1999年、p.23。
4 Post, J.E., A.T. Lawrence, and J. Weber, *Business and Society*, 10th ed., McGraw-Hill, 2002, pp.34-35.
5 小山嚴也「企業に対する社会的要請の形成プロセス」『経済系』第215集、

2003年、pp.14-15。
6 Buchholz, R. A., W. D. Evans, and R. A. Wagley, *Management Responses to Public Issues*, Prentice-Hall, 1994, p.46.
　Carroll, A. B. and A. K. Buchholtz, *Business & Society*, 5th ed., Thomson, 2003, p.49.
7 岡田佳男氏（雪印乳業株式会社コンプライアンス部長）へのインタビュー、2004年4月7日、2004年8月16日、雪印乳業株式会社本社。
　雪印乳業ホームページ（http://www.snowbrand.co.jp/torikumi/index.html）、2005年12月15日アクセス。
　『雪印企業行動憲章2001』雪印乳業、2001年。
　『雪印乳業行動基準』雪印乳業、2003年。
　なお、本章における雪印乳業の事例についての記述は、北海道大学大学院経済学研究科谷口勇仁助教授との共同研究における成果の一部を用いたものである。
8 2000年6月14日朝、参天製薬に、異物を混入した目薬と現金およそ2000万円を出さなければ同社の目薬にトルエンを混入し店頭にばらまくという趣旨の文面の脅迫状が届いた。これをうけ、参天製薬は翌15日から、一般用目薬の店頭からの回収を行なっている。
　『日本経済新聞』2000年6月16日、朝刊。
9 Spector and Kitsuse, *op.cit.*, p.125.
　中河、前掲書、p.23。
10 小山、前掲論文、pp.19-20。
11 加護野忠男『組織認識論』千倉書房、1988年、p.127。
12 E. M. エプスタイン著、中村瑞穂他訳『企業倫理と経営社会政策過程』文眞堂、1996年、p.153。

※本稿作成に際しては平成17年度科学研究費補助金（基盤研究(A)(1)）の助成をうけた。

第3章

企業統治と経営者の役割

1. はじめに

　1990年代以降、企業統治（corporate governance；コーポレート・ガバナンスと表記されることも少なくない）をめぐる議論が活発に行なわれようになり、1993年以降、数度にわたり商法が改正され、個別企業レベルでは取締役会改革を中心とした企業統治改革も実施されている。さらには、商法の現代化に伴い、2006年5月には会社法が施行されている。本章では、企業統治を構造の面から、株主・経営者関係と会社機関構造および企業と利害関係者との関係とし、その機能の側面から会社の指揮・統制とする[1]。しかしながら、企業統治の意味する内容については、今日においてもその問題を取り上げようとする立場により相違が見られ、必ずしも統一的な理解がなされているわけではない。

　経営者は、企業で最高管理を担うものである。日本では、1990年代以降、CEO（chief executive officer；最高経営責任者）という呼称も一部の企業において使用されるになっているが、これまで広く使われてきた、「取締役社長」「専務取締役」「常務取締役」という呼称から明らかなように、取締役の地位にあるものが最高管理をも担うことが一般的に行なわれている。そのため、本章では、取締役を兼任しているか否かに拘わらず、最高管理の業務を担うものを経営者として取り上げる。

　経営学の領域で、最初に"corporate governance"という用語を使ったと

されるのは、イールズ (Eells, R.) である。彼は、*The Government of Corporations* のなかで、"governance" という語を用い、それは古くからある技術 (art) であるけれども新しい科学であるとして、説明責任 (accountability) の問題に言及している[2]。企業統治における説明責任は、誰が何について誰に対して責任を有するのか、どのように責任ある集団に対する要求は強化されるのかという問題である。これについて、イールズは立憲制に基づく解決により、個人の権利の保護と権力の濫用の防止が必要であることを提起しているのである[3]。

一方、スコット (Scott, J.) は、企業統治を巡る議論が社会学や経済学においても、長年行なわれているものであると論じている[4]。彼は、1980年代においてその「利益星座状連関」(constellation of interest) 概念により、日本における会社支配論研究に影響を与えたが、彼によれば、視点は異なるけれども企業統治の議論は古くから行なわれていたことになる[5]。しかしながら、そうした議論においては、説明責任という概念はほとんど重視されてはいない。たとえば、2005年に起きた新興IT企業と大手テレビ放送会社によるラジオ放送会社の株取得をめぐる争いは、会社支配権をめぐる争いでもあった。そして、会社支配論の観点からの見方のように、争いの最中において、他の株主に対する説明責任の履行の問題はあまり言及されなかったのである。

日本において、バーリとミーンズ (Berle, A. and G. Means) により *Modern Corporation and Private Property* が1932年に出版されて以降、「誰が株式会社を支配するのか」という会社支配に関する研究が展開されている。戦前には、増地庸次郎により株式所有状況の調査が行なわれ、戦後においても、奥村宏、西山忠範、宮崎義一、三戸公などにより「誰が株式会社を支配するのか」をめぐって議論が展開された。企業統治をめぐる議論は、1990年代より見られるようになっているが、そうした会社支配論の研究者からも企業統治に関する考察が行なわれている。2節においては、これらの議論を整理する。

●図表3-1　企業経営と企業統治

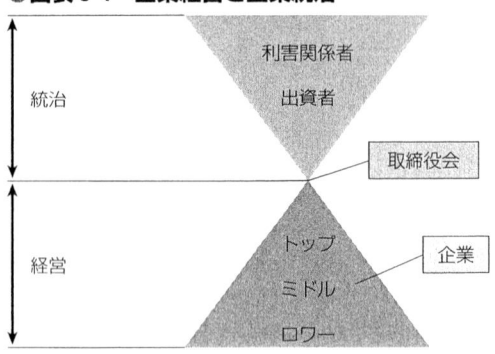

統治：利害関係者／出資者
取締役会
経営：トップ／ミドル／ロワー
企業

出所：筆者作成。

　また、企業統治の問題は、経営学のみならず会社法の議論のなかでも展開されている。たとえば、川村正幸は、アメリカの企業統治をめぐる議論が出資者であり企業の所有者である株主が自己に代わって経営を経営者に委ねるとし、株主と経営者との関係を「依頼人」-「代理人」の関係として捉え、企業の目標は株主の利益の極大化にあることから出発するとしている[6]。会社法は、株式会社は株主のものであるとして、企業の目標を株主の利益を合理的に実現することとしている。これは、会社法の立場ばかりでなく、フリードマン（Friedman, M.）の企業の社会的責任に関する認識やファーマ（Fama, E.）、ジェンセン（Jensen, M.）、メクリング（Meckling, W.）などの代理人理論（agency theory）の議論とも共通性を有している。同様に、若杉敬明は、これまでの日本企業の企業統治は、メインバンク、従業員、グループ企業、政府といった利害関係者により行なわれていたが、株主がリスク負担者であることから、他の利害関係者とは異なるとし、株主中心の企業統治改革が求められるとしている[7]。しかしながら、株式を公開している会社においては、株主は多様な存在であり、また、企業経営と企業統治との関係も明確ではない。企業経営と企業統治との関係を図示したものが、図表3-1である。

　1990年代以降、個別企業の取組みにより企業統治改革が行なわれているが、

そうした改革において、経営者が一定の役割を果たしている。その点については、3節において取り上げる。株主と経営者との接点として取締役会を位置づけ、そこで企業を方向づけるとともに、その方向に向けて統制を行なうことが企業統治のひとつの側面であり、企業経営は、その方向づけの下で経営戦略を策定し、執行することを主要な活動とする。それゆえ、取締役会により経営者が選任・評価され、HPやソニーのような大企業においても見られたように、経営者に対する評価によっては経営者の交代さえ行なわれることになる。こうした経営者の交代と企業統治について、4節において取り上げる。

　経済同友会は、2003年3月に、『第15回企業白書』を公表し、企業の社会的責任と企業統治を中心とした新しい企業評価軸を示しているが、市場における経済的業績のみならず、環境への配慮や理念の尊重やコンプライアンスへの取り組みなどが評価されることになる。企業統治の問題は、三菱自動車工業のリコール隠しや西武鉄道の虚偽記載などの事件などの発覚時には、企業の社会的責任とも関連させて取り上げられている。

　有価証券報告書への虚偽記載のような、2004年に西武鉄道グループで発覚したことを、日本企業においては例外的に行なわれてきたこととすることはできるのであろうか。2004年12月に金融庁により行なわれた有価証券報告書の一斉点検によれば、東京証券取引所へ上場している企業の約2割が何らかの訂正を加えているとのことである[8]。西武鉄道の場合には、相続により株式所有が分散することを回避するために行なわれた側面を有しているが、戦後の財閥解体で財閥一族の株式所有禁止が行なわれた際、財閥系企業の従業員らの名義により所有が行なわれたともいわれているのである[9]。西武鉄道の経営者は、事件発覚後の記者会見で、「どうして株式公開したのかわからない」と述べているが、多くの日本企業が株式持合いなどの安定株主工作等により、一般株主を軽視することができたのである。

　さらに、商法上は、取締役会で決定されなければならない事項が常務会や経営委員会のようなところで事実上決定され、取締役会はその決定を形式上

承認するにすぎなかったことは、日本の大企業において一般的に見られたものである。こうした観点をふくめ、5節において企業倫理との関係を考察する。

2. 会社支配論と企業統治論

　日本では、1990年代より、企業統治をめぐる議論が行なわれているが、会社支配をめぐっては、戦前より株式所有状況について分析がなされ、戦後においてもそうした実証的な研究をふくめて、活発な論争も展開されていた[10]。本節では、会社支配論の流れを汲む企業統治研究として、佐久間信夫の『企業支配と企業統治―コーポレート・コントロールとコーポレート・ガバナンス―』、勝部伸夫の『コーポレート・ガバナンス論序説―会社支配論からコーポレート・ガバナンス論へ―』、貞松茂の『コーポレート・コントロールとコーポレート・ガバナンス』を取り上げる[11]。

　佐久間は、企業統治を「広義には、株主、債権者、従業員、消費者、供給業者、競争企業、政府、地域社会、一般公衆などのステークホルダーと株主会社の関係のことであり、狭義には、株主と経営者の、主として会社機関を介した関係のことである」として、「株主やステークホルダーが、かれらの利害の観点から、経営者を監視し、時には経営者に支配力を行使するシステムを構築し、それを機能させていくことである」としている[12]。定義からも明らかなように、佐久間は、企業統治をめぐる議論において支配力をも考慮し、企業統治論を会社支配論の延長線上にあるものと位置づけて以下のように述べている[13]。

　　支配の概念は、「経営者を任免する力」あるいは「企業の最高意思決定を行なう力」と規定されてきた。（中略）経営者支配説は、巨大企業の支配者は経営者であり、経営者自身が経営者を任免しており、企業の最高意思決定を行っているとする主張である。企業統治はこのような強大な権力をもつ経営者を監視するシステムを形成しようとする株主の活動

に他ならない。

　しかしながら、佐久間においては、企業統治は、誰が企業を支配しているのかという問題ではなく、利害関係者による経営者の監視の問題であるとされる[14]。利害関係者は、それぞれの利害の観点から、経営者に対して説明責任を求め、株式を購入して株主権を行使することができ、それぞれに関連する社会的課題事項の解決を求めるというのである。こうした見方に立つと、SRI（socially responsible investment）は、株主利益の追求と社会的課題事項の要求と結合するものとみなされることになる。佐久間の主張は、会社支配論との関係からは、企業統治論は、所有者支配論や金融支配論の流れを汲むものではなく、所有者や金融機関の支配をうけなくなった経営者支配論の延長の議論であり、利害関係者が時には株主権を行使してでも社会的課題事項に対する要求を行なうというように整理できる。それゆえ、銀行が産業会社に対する支配力を有しているとみなされるドイツにおける企業統治の分析に当たっては、経営者に対する統治機能の欠如が深刻なものになっているとの指摘のみが行なわれることになる[15]。

　勝部は、会社支配論により先進国の大企業は機関所有のもとにあり、経営者支配になっていることが明らかにされたとしたうえで、より積極的に以下のように主張する[16]。

　　コーポレート・ガバナンス論はこの会社支配論が明らかにした学問的成果のうえに立って議論されるべきである。逆に言えば、会社支配論の成果を前提にしないガバナンス論の議論では、この問題の本質に迫ることができないと言わねばならない。（中略）ガバナンス論の議論の多くはこうした視点が欠如しているために、どうすれば企業業績が向上し株主のために利益が還元できるか、すなわち経済的成果の側面のみを重視した議論が展開されることになる。

勝部によれば、会社支配論は誰が会社を支配しているのかを問い、企業が社会的制度になっていることを明らかにし、企業統治論は、企業は誰のためにどのように動かされており、その統治は誰が担っているのか、統治権力の正当性を問うことで、現代企業の根幹に迫っているという[17]。このことは、「企業とは何かの問題」、すなわち、企業観の問題でもある。勝部は、企業を社会的制度として捉え、制度ゆえに個別の利害関係者の所有物にはならないとし、「株主のもの」「従業員のもの」とみてしまうことに企業統治論の根本的な誤りがあるとするのである[18]。社会的制度である企業における権力の正当性が問題となるのであり、社会的制度である企業は経営者支配の下にあり、それゆえ、経営者支配の正当性の問題についてその機能の内容が議論されなければならないとするのである[19]。勝部の主張からは、その経営者の正当性は、機能論のみの「単眼的管理」から「複眼的管理」の実践に求められることになるが、それは環境問題などの企業活動の「随伴的結果」への対応を意味している[20]。今日の経営者は、その単に経済的な利益を実現するばかりでなく社会性をも考慮して管理を行なうことにより、正当性を維持することが可能になる。

　貞松は、会社支配の議論と企業統治論の接合を試み、「株主支配型コーポレート・ガバナンス（株式資本〔市場〕に基礎をもつガバナンス）」「経営者支配型コーポレート・ガバナンス（現実資本〔資産〕および組織に基礎をもつガバナンス）」「共同支配型ガバナンス（現実資本〔資産〕および組織に基礎をもつガバナンスと株式資本〔市場〕に基礎をもつガバナンスとの調整、同意さらには協力のガバナンス）」の3つを区別している[21]。企業統治については、「株式会社の舵取り」と理解しながら[22]、その内容を規定するものについては、「会社組織あるいは会社運営機構」「権力あるいは支配力」「会社の存在理由あるいは会社運営の目的」として、とくに、「権力あるいは支配力」が企業統治の中心にあるとの認識を示している[23]。

　貞松は、現代の巨大株式会社にあっては、機関株主が株式所有に基づく支配力を保持しており、それにより経営者を制約する一方で、巨大な会社財産

を運用する会社機関が拡充され、経営者がそうした会社機関を運営しているとする[24]。経営者は、機関株主からの制約をうけながらも、利益の内部留保・減価償却という基盤により、高い自律性を確保しており、それは、事実上の支配力にさえ達しているというのである。貞松の主張においては、これが「共同支配型コーポレート・ガバナンス・システム」であり、企業統治問題の解決にとってその構築が望ましいとされるものである。日本における企業統治改革にあっては、機関投資家の成長により投資と権力を結び付けることやSRIの増加が望ましいとされ、そのことにより日本的な雇用慣行を継続しながらも、株式市場を意識した「共同支配型コーポレート・ガバナンス・システム」がより有効であるとする[25]。

　佐久間、勝部、貞松のいずれにおいても、議論の展開は異なるものの、会社支配論の流れを汲む企業統治をめぐる議論からは、経営者支配という現象が前提のひとつとなっている。また、SRIや社会的課題事項、「随伴的結果」への対応というCSRの領域とも関連する事柄が企業統治論において重要な位置を占めている。こうした点は、従来の会社支配論研究にはみられなかったものである。たとえば、1980年代における会社支配論争において指導的立場にあり、それぞれが異なった認識であったにせよ、経営者支配という現象を前提として取り上げていた奥村宏、西山忠範、宮崎義一は、企業の事業目的について、それぞれ次のように規定している[26]。奥村は、「利潤の追求、資本の蓄積が目的」であり、「法人資本主義下では、とくに、長期的利潤が目的となっている」とし、西山は、「現代日本の脱資本主義社会においては、『企業構成員としての労働者』の生活を維持するための『組織の維持』が目的であり、利潤追求はそのための手段である」とし、宮崎は、「『会社支配段階』においては、企業内部資金極大」としている。ここでは、企業の営利性が指摘されるが、企業の社会性の問題は議論されないのである[27]。

　しかしながら、経営者支配論を基礎とすることは、企業統治の研究者において共通に見られるものではない。たとえば、組織の経済学アプローチをとっている菊澤研宗は、企業統治について、企業をより効率的なシステムへ

と進化させるために多様な批判的な方法を駆使して企業をめぐって対立する複数の利害関係者が企業を監視し規律を与えることであると定義している[28]。そして、未来に対して「開かれた組織」における企業統治は、経営者が限定合理性を自覚し、戦略やプロジェクトが不完全で暫定的なものにすぎないために、利害関係者からの批判が生じ、問題が発見された場合には、組織構造の変革や事業の再構築が行なわれるようなものであるとする[29]。ここでの企業統治は、限定合理性を前提とし、多様な利害関係者から多様な方法により多様な批判が行なわれ、経営者がそうした批判に柔軟に対応できるものである。また、会社支配論の影響をうけていないばかりか、必ずしも経営者支配を前提とはしていないのである。

　企業統治論は、経営者支配を前提とするものと接近方法が異なっているばかりでなく、明確な相違を有している。まず、後者の議論においては株主が経営ないし支配から分離しているという意味での経営者支配という現象に焦点が当てられ、その成立の後に利害関係者と経営者との関係について論じている。次に、会社支配論から企業統治論へ展開する接近方法では、企業統治改革の現状を考察する際には、取締役会改革について言及するが、取締役会それ自体に焦点が合わされていない。これは、会社支配論が株主総会や取締役会のような会社機関がすでに形骸化していることを前提とするかのような捉え方をするところから生じる当然の帰結である。会社支配論から企業統治論へ展開する接近方法の一部にある正当性の問題を重視する見方は、経営者支配の正当性の問題であって、巨大企業による権力行使の正当性の問題とは異なるものである。企業が社会的制度に変質し株主から得られなくなった正当性を社会から得るためにCSRのともなう行動が必要になることを強調しているのである。アメリカの経営学でCSRの領域を扱っている経営社会関係論（business & society）では、企業統治の問題を株主と経営者との連関に限定し、会社機関と説明責任の問題を主に取り上げている[30]。そのため、経営社会関係論においては、会社支配論とは異なり、企業統治改革の現状を主として取り上げることになる。

また、会社支配論は、株主の権利のうちの会社支配権や利益請求権を重視し、株式の所有割合に応じて、その権利が決まることを前提としている。ある会社の過半数の株式を所有すれば、その会社を支配することは可能であるとの見方である。一方で、企業統治論は、少数の株式しか所有しないものであっても、株主として公平に扱われることを重視するばかりか、利害関係者への応答についても考慮される。企業統治改革においては、株主の公平性、説明責任、情報開示の問題などが重視されることになる。

3. 企業統治改革と経営者

　日本における企業統治改革は、1993年の商法改正により会社機関構造の改革の面からはじまる。そこでは、資本金5億円以上あるいは負債総額200億円以上の大会社に対して、社外監査役と監査役会の設置が求められ、株主代表訴訟の手続きが簡素化されたのである。これは、1991年の日米構造協議においてアメリカ側が日本に対して社外取締役の導入などを求めたことをうけて行なわれたものである。

　個別企業のレベルでは、1997年のソニーの取締役会改革以降、執行役員制度の導入、それによる取締役会の規模の縮小が行なわれ、社外取締役の導入も進展する。ソニーは、取締役の人数を38人から10人に削減し、社外取締役を3人にし、取締役会に指名委員会、報酬委員会を設置する。取締役会とは別に業務執行を担当する執行役員制度を導入し、「経営戦略部門」と「業務執行部門」との明確な分離を図ったのである。ソニーは、2000年、新たに取締役会議長を設り、CEOとの役割を分離している。それまでは、「会長」という肩書きが「取締役会の長」と誤解されることもあったが、これを明確に分けたのである。1998年には、テイジンが経営者の解任も勧告できる諮問委員会を設置し、2001年には、HOYAが社外取締役と内部出身取締役を3名ずつの同数にし、社外取締役の3名は社長と面識のない人を選び、社外取締役のみからなる報酬委員会を設置しているが、これらは取締役会による経営者の評価を目的としたものといえる。

一方、こうした動きとは異なる企業もある。たとえば、キヤノンは、1995年に経営スリム化のために27名の取締役を21名に削減したが、2002年7月には、担当事業の決定権を有する内部取締役を増員して現場本位の迅速経営をめざすことを公表している。2006年1月の時点で、キヤノンの取締役会は、社長、専務、常務、事業本部長の他、子会社・関係会社の役員を兼職している25人で構成されている。他に、常勤監査役2名、社外監査役2名からなる監査役会がある。トヨタ自動車は2002年6月に取締役を2名増やして58名としたが、2003年4月には取締役会を27名に削減し、執行役員である「常務役員」を設置した。これは意思決定の迅速化を目的としたものである。2006年1月時点において、トヨタ自動車の取締役会は、取締役名誉会長1名の他に、会長、副会長、社長、副社長、専務を兼職する27名で構成されている。トヨタ自動車の監査役会は、4名の社外監査役、3名の常勤監査役で構成されている。また、2002年には、食肉偽装事件を背景として、株主オンブズマンが、2年前に食中毒事件を起こし、関係全社が関与した雪印乳業や日本ハムに安全などを主に担当する社外取締役の導入を求めたが、両社をはじめ一部の企業が企業倫理や安全を担当する社外取締役を消費者団体等から招聘している。

　個別企業以外の動きとしては、1994年に開明的な経営者が個人で参加している経済同友会は、『第11回企業白書』において新しい企業統治のあり方を提言し、1998年には、『第13回企業白書』のなかで、経営の透明性を高めることを目的とした企業統治の確立を求めている。経営者、研究者などからなる産学協同の組織である日本コーポレート・ガバナンス・フォーラムは、企業統治原則を公表し、独立した社外取締役の選任や企業の意思決定機関と業務執行機関との区別を行なうことなどを求めている。1998年4月には、OECDの企業統治に関する諮問委員会が『企業統治：競争力の改善と国際市場における資本への接近』を公表しているが、委員会のメンバーには日本の経営者もふくまれている。2002年には、3月にCEOや執行担当取締役などを主な構成員として日本取締役協会が設立され、7月には経済同友会が『企業競争力の基盤強化を目ざしたコーポレート・ガバナンス』を公表して

社外取締役の導入を促している。経済同友会は、2003年3月に『第15回企業白書』を公表し、「『市場の進化』と社会的責任経営――企業の信頼構築と持続的な価値創造に向けて――」というテーマの下で、企業の社会的責任と企業統治を評価軸とした、新しい企業評価基準を提唱している。

そこでは、「マネジメント体制」「コンプライアンス」「ディスクロージャーとコミュニケーション」に加えて、「理念とリーダーシップ」から企業統治が構成されている。さらに、経済同友会は、2004年1月に『日本企業のCSR：現状と課題―自己評価レポート2003―』を公表している。これは、2003年3月に公表された『第15回企業白書』における新しい企業評価に基づいて行なわれた自己評価の結果である。そこでは、企業統治と企業の社会的責任が評価の中心となっている。企業の社会的責任について、回答企業（229社）の3割が専門部署を設置していると答えているが、女性役員がいないなど、女性の活用が進んでいないことが明らかにされている。また、大企業中心の経済団体といわれる日本経団連は、1991年に企業行動憲章を制定し、その後、改定を重ねているが、2004年5月にもその改定を行ない、「人権の尊重」「従業員の多様性、人格、個性の尊重」「国際ルールや法律の遵守」のような言葉を原則に加えるようになっている[31]。日本経団連は、1999年にOECDが企業統治原則を制定した際には、その原則にある「優れた企業統治に単一のモデルはない」という考え方を支持している。2004年にOECDは企業統治原則を改訂しているが、その改訂過程においては、日本経団連は、「法令を遵守すべきである」と言うところが「高い倫理基準を適用すべきである」のように改訂されたことに対して、「倫理」の概念については、国、地域によって異なり、世界的に十分に共有されていないとの懸念をもつので削除すべきであるというようなコメントを公表している[32]。日本経団連は、会社法が施行されて1カ月あまりが経った2006年6月に、「我が国におけるコーポレート・ガバナンス制度のあり方について」と題する報告書を公表している[33]。基本的な考え方として、「企業の社会の公器としての役割の重視」「多様な取組みの尊重」「形式ではなく、実質、実効性への着目」「規制から

市場による判断の重視へ」を挙げ、利害関係者との良好な関係を維持する観点から「長期保有株主への恩典」を与えることや柔軟な運用ができるように「委員会制度の見直し」を行なうことを提唱している。

　東京証券取引所は、2004年3月に、「株主の権利」「株主の平等性」「コーポレート・ガバナンスにおけるステークホルダーとの関係」「情報開示と透明性」「取締役会・監査役（会）等の役割」を内容とする「上場会社コーポレート・ガバナンス原則」を公表している。これは、東京証券取引所が2002年に設置した上場会社コーポレート・ガバナンス委員会により策定されたもので、1999年に公表されたOECDの企業統治原則にほぼ準拠したものである。上場会社コーポレート・ガバナンス委員会は、当初、OECDの企業統治原則の策定に当たり、諮問委員会のメンバーとして参加したオムロン株式会社会長の立石信雄を委員長としていた。その後、メンバーの交代があったが、民間企業から3名の代表取締役の地位にある経営者が参加し、そのうちの2名が会長で残りの1名が社長を兼任していた。同委員会の委員長は、経営者から選ばれ、研究者が委員長代理となっていた。このように東京証券取引所における企業統治に関する原則の策定においても、経営者が一定の役割を果たしているのである。

　2002年5月には、商法改正が国会で成立し、社外取締役の登記ができるようになり、指名委員会・報酬委員会・監査委員会を設置し、委員の過半数が社外取締役からなる委員会等設置会社を認め、それにより監査役の廃止が可能となった。また、執行役制度の導入なども規定されている。これは、経営者に対する監督機能の強化を目的としているが、そればかりでなく、重要財産委員会制度の導入に見られるように、経営者の意思決定の迅速化をもたらす側面や、アメリカ型の企業統治のあり方を可能にして、国際化に対応できるようにするという目的もある。この商法改正をうけ、オリックス、イオンが移行を表明していたが、その後、西友、ソニー、東芝、日立製作所など100社あまりが委員会等設置会社へ移行した。しかしながら、2004年6月26日付『日本経済新聞』によれば、委員会等設置会社に行なったアンケートか

ら、企業統治改革の成果としては、外部の視点で取締役会が活性化したというものが最も多くなっており、透明性が高まったという回答は5割に満たない状況になっている。その後、商法の現代化の下、会社法が2006年5月に施行されるものの、企業統治については、委員会等設置会社から委員会設置会社へ名称が変更されているものの、2002年の改正商法の内容をほぼ引き継ぐ一方で、内部通報制度等を含めた内部統制システムの構築が求められ、大企業の経営者にとってその構築が課題となっている。内部統制システムの構築が求められ、大企業の経営者にとっての課題となっている。

4. 経営者の交代

経営者の交代には、下記のようにいくつかの要因が考えられる。

① 任期満了により交代する場合：GEのウェルチ（Welch, J.）、日産自動車のゴーン（Ghosn, C.）など
② 業績不振から交代する場合：HPのフィオリーナ（Fiorina, C.）やソニーの出井など
③ 企業の問題行動の責任を問われ交代する場合：フォードのナッサー（Nasser, J.）、雪印乳業の西など

また、取締役会において経営者の解任が決議されることはあまり多くはないが、社長の個人的な問題行動と企業の不適切な行動への責任が取締役会で問われる形で交代するものもある（図表3-2参照）。これに関連して、有価証券報告書への虚偽記載が発覚した西武鉄道のように違法行為の発覚により経営者が交代することや、ジャーナリストへの盗聴が発覚した武富士のよう

●図表3-2 取締役会における経営者解任事例

1982年　三越取締役会、社長を解任
1987年　関西電力取締役会、代表取締役名誉会長などを解任
1996年　メイテック取締役会、社長解任
1998年　松竹取締役会、社長解任

出所：筆者作成。

に、逮捕後に経営者の職を辞するような場合さえある。企業において問題行動が発覚すると、株主代表訴訟により経営者に監督責任が問われることもあり、会社法では、経営者に法令遵守をふくめた内部統制を確立することを求めるようにもなっている。

　2005年のソニーにおける経営者の交代は、業績の低迷に基づくものであるといわれている。執行を担当する経営者に対する評価は、取締役会により行なわれることが前提となっているが、ソニーの場合、取締役会議長とCEOとの分離が行なわれ、それまでの監査役会設置会社は委員会設置会社の形態へ移行し、執行と監督の分離がなされていた。経営者の交代に当たっては、社外取締役が主導的な役割を果たしたといわれている。前任経営者の下では、「エレクトロニクスとエンタテインメントの融合」が掲げられ、TVゲームなど多様な分野への進出が積極的に行なわれたのに対し、後任の経営者は、経営資源をエレクトロニクス、ゲーム、エンタテインメントの3つのコアビジネスに集中することが中期経営計画であると公表している。経営戦略の転換という点では、コニカミノルタによるフィルム、カメラ事業からの撤退においても、社外取締役が中心的な役割を果たしたとされる。経営者の交代や経営戦略の転換に、社外取締役が一定の役割を果たすこともある。

　企業の進むべき方向や会社のビジョンを示すことに経営者が大きな役割を果たすばかりでなく、問題行動の発覚や事故の発生という緊急事態へ対応することも経営者の責務である。その稚拙さから、企業の社会的な評価を著しく貶めることもある。問題発覚後の記者会見等での、「私は寝てないのだ」「君、それは本当か」といった発言や、「時速60キロのところを67、8キロで走ったようなもの」のような釈明、「違法行為とは認識していなかった」といった経営者からの言葉は、その後の裁判の展開などを意識したものであっても、社会的に評価されることではない。そればかりか、「世間をお騒がせして申し訳ありません」といった企業不祥事後の経営者による言動は、経営者の問題に対する認識を内外に示すことであり、問題を起こし被害を実際に与えてしまったことを反省するよりは、マスコミに取り上げられ社会から注目

を集めてしまったことを問題視するような経営者の意識を示すことになる。

2002年、神戸製鋼株主代表訴訟では、経営者が自ら問題のあった行為を知りえなかったことを証明しない限り、経営者としての責任が問われることが示され、また、再発防止体制の整備が求められている。エンロンやワールドコムの経営破綻後、アメリカで制定された企業改革法（サーベンス・オックスリー法：証券諸法に従って行なわれる企業情報の開示の正確さと信頼性を回復させることで投資者の保護を図るための法律）においては、経営者に内部統制の確立が求められ、不正への関与の有無に拘わらず経営者の責任が問われるようになると同時に、取締役会の過半数が社外取締役であること、内部告発者を保護することも求められている。

経営者は、最高管理者としての監督責任、法令違反を許したことによる刑事責任が問われることになるが、自らの責任の取り方については、さまざまな行動がなされ、またさまざまな非難が寄せられている。たとえば、2005年の2つの鉄道事故においても、対照的な行動がとられている。福知山線での事故では、JR西日本の経営陣は原因究明と再発防止に取り組むことで責任をとろうとし、すぐには退陣表明などをしなかったのに対し、JR東日本の羽越本線脱線事故後、すぐに被害状況を視察した会長がその職を辞することを速やかに公表している。前者の場合には、辞職を表明しないことによりメディアなど会社の外部から非難され、後者の場合には、会長が独断で決めたとして内部からの批判の声が上がっている[34]。

日本では、経営者など責任ある地位にあるものがその職を辞することが責任を取ることと理解されることが少なくない。実際、経営者の交代により、経営戦略の側面ばかりでなく、問題行動の再発防止やそのための企業倫理の制度化が促され、従業員をふくむすべての企業の構成員を「倫理の守護者」とすることも可能である。企業の問題行動を見逃してきた経営者の下で是正措置が行なわれるよりも、経営陣が一新された方が組織の構成員に与える心理的な影響は大きい。企業の問題行動後に経営者の地位に就くものは、多くの場合、企業倫理担当部門を設置し、倫理綱領等を整備し、企業内倫理教育

に取り組んでいる。

　しかしながら、そうした対応後においても、異なる領域や部門において問題行動が発覚したり再発したりすることもある。経営者には、企業の構成員に倫理的行動を促すような役割モデルの確立が求められることになる[35]。つまり、経営者自身に問題となった行動の本質に対する洞察がなかったりすれば、そうした企業倫理の確立に向けた行動が形式的なものに終わってしまうのである。経営者には問題となった行動を許すような企業文化や組織風土まで改革しようとし、新しい会社の価値理念を確立しようとすることが求められることになる。イギリスにおける企業統治改革において大きな影響を与えたキャドバリー（Cadbury, A.）も、会社がよりどころとする価値理念を確立することを会長職にあるものの重要な役割としている[36]。CEOは、最高業務執行担当者として"Chief Executive Officer"であるばかりでなく、最高倫理担当者として"Chief Ethical Officer"であるという主張もあるほどである[37]。

　経営者の交代により倫理的なリーダーシップの変更も行なわれることになる。そうしたリーダーシップは、企業を構成する人々との間に価値観を共有することを前提とし、「効率と公正」「安全と利益」のような重層的な価値観を組織に共有させることも重要な役割となる。企業を取り巻く環境の変化は、こうした価値観に影響を与える。たとえば、1980年代以降、地球環境問題が社会的に注目されるようになるにつれ、日本の企業社会においては「環境経営」や「環境ビジネス」などの用語が用いられるようになり、ISO14000のような環境管理の規格の取得が活発になっている。

　これは、業務執行を担当するものを評価することになる取締役会に対して、新たな役割を求めることになる。すなわち、業務執行を担当するものの評価に当たり取締役会が倫理的な側面においても最終的な責任を負い、倫理プログラムの実施や進捗状況について報告をうけ、取締役会において企業倫理担当の委員会が設置され、倫理担当取締役が任免され、個々の取締役に適用される倫理行動規範があり、それが適用されることである。

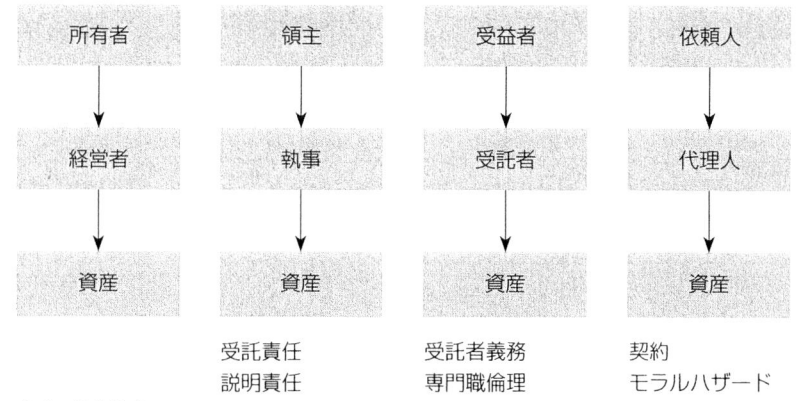

●図表 3-3　所有者と経営者との関係

所有者	領主	受益者	依頼人
↓	↓	↓	↓
経営者	執事	受託者	代理人
↓	↓	↓	↓
資産	資産	資産	資産
	受託責任 説明責任	受託者義務 専門職倫理	契約 モラルハザード

出所：筆者作成。

5. 企業倫理との関係

　企業統治の議論では、株式を公開している会社が対象となり、そこでは「所有と経営の分離」が前提となっている。所有者と経営者との関係には、図表3-3におけるような状況が想定できる。経営者は所有者の執事（steward）であるとする見方は、封建時代の荘園領主と荘官との関係のように捉えることができ、経営者は所有者に対して忠誠心をもち、受託責任（stewardship）や説明責任を有することになる。「所有と経営の分離」が人格的な分離にとどまらず、完全な分離が成立したとする会社支配論の見方のなかには、経営者の受託責任や説明責任の対象が株主から社会に変わったとする見方もあり、経営社会関係論のなかにおいても同様の見方が紹介されている。

　経営者を受益者（beneficiary）である所有者に対する受託者（fiduciary）とする見方は、経営者を受益者の利益を尊重する専門職として捉え、経営者は専門職倫理（professional ethics）の下で意思決定を行なうことを前提としている。アメリカにおける経営社会関係論の展開は、学部教育のみならず経営専門職大学院での経営者教育と無関係ではない。1970年代初頭には、企業に対する社会的批判の高まりを背景にして、経営専門職大学院が経営社会

関係論の関連科目を必修科目としている[38]。1980年代の金融スキャンダル後、ハーバード・ビジネス・スクールで「リーダーシップ、倫理、および企業責任」計画がはじまり、経営専門職大学院には、技能や知識ばかりでなく、価値や信念、態度に対しても影響を与えることが求められるようになったのである。

　経営者を代理人とみなす考え方は、前述のようにフリードマンの見方であり、代理人ゆえに経営者は株主の利益を増大するように経営することが経営者の社会的責任となるというものであるが、近年では、代理人理論の下で、経営者が自己利益を追求するあまりモラルハザードを起こしうることが認識され、実際、アメリカではエンロンやワールドコムにおいて、経営者のモラルハザードが明らかになっている。代理人理論が契約関係を重視する見方のなかにも、社会契約に発展し、経営者は利害関係者に対しても受託責任があるとする見方もある[39]。その一方で、所有者という利害関係者は、他の利害関係者の立場とは異なり、所有者のみが経営者からの受託責任となるが、そのことは他の利害関係者の利益をまったく無視することにはならないという見方もある[40]。OECDの企業統治原則の立場は、こうした見方に近いものである。

＜代表事例＞

◆株式公開

　100万を越える株式会社が日本には存在する。しかしながら、株式会社が有する株式を発行して社会から広く資本を集めることができるのは、そのうちの4000社あまりにすぎない。東京証券取引所に上場して、資金調達を行なうためには、2000万株以上の株式を発行し、3000人以上の株主がすでに存在していなければならず、こうした基準を充たしている企業は必ずしも多くはないのである。

　株式を公開するということは、広く社会から資本を集めることができるようになることであるが、そればかりでなく、「上場会社」という社会的な名声を享受できるところがある。そのため、資本調達の面からは「どうして株式公開するのかわからない」というような公開株式会社も存在するのである。

その一方で、誰でもその会社の株式を購入できることを意味している。実際、敵対的な買収が生じるのは、このためであり、そればかりでなく「反社会的」とされる集団の関係者が大手鉄道会社の株式を買い占めたこともある。それに加えて、公開会社は、投資家に対して正確に、適宜に会社の情報を開示することも求められることになる。投資家には、これから株主を買おうとする人も含まれることになるため、社会に対して情報を公開することと同じである。

　本田技研の創業者である本田宗一郎は、東京証券取引所に同社の株式を上場した際、これで本田技研は、「社会の公器」になったと述べたと言われている。また、同氏は、社名に自分の名字を使ったことを悔いたとも言われている。なぜなら、「本田」技研であったとしてもそれは本田のものではないからである。

　日本では、"accountability" という用語は会計責任と訳されることが多かったが、企業統治に関する議論のなかで説明責任として訳されるようになる。2000年以降、財務報告書や環境報告書に加え、JR東日本のように企業統治に関する報告書を発行するような形態もあり[41]、また、CSR報告書やサステナビリティ報告書などの名称で、企業統治の仕組み、企業倫理への取り組み、社会貢献活動などについて公表するようにもなっている。受託責任については、忠実義務として商法においても規定される一方で、経営者のなかには、「預かりもの」意識と言われる、江戸時代の商家のように先代からの財産を維持することを重視するものもいる。戦前の財閥や創業一族が所有者や経営者として影響を有しているような企業ばかりでなく、「企業は社会の公器」という言葉に表されているように、株式上場後の会社が、私的利益を追求するためのものではなく、公的な利益のためにあるという見方もある。

　日本における専門職大学院の開校は、慶應義塾大学などの一部の先行的な大学院はあったものの、2000年以降になって活発になっている。企業倫理教育についても、一部の経営専門職大学院で設置されている。しかしながら、経営専門職大学院の修了者が経営者候補生となりうるかという点については、現時点では検証することはできない。商法においては、取締役の善管注意義

務として規定されているが、取締役の専門職性、あるいは職業倫理という点については、日本取締役協会等が取締役研修などを行なっているものの、その内容等について十分な議論が行なわれているわけではない。

代理人理論では、経営者のモラルハザードや機会主義的行動を防止するために、取締役会を通じた統制と市場を通じた統制が重視されることになる。企業改革法においても、取締役の監督責任が規定され、社外取締役が過半数を占めることが求められている。1990年代後半以降の日本における企業統治改革もこうした方向で進められたものである。また、2004年には公益通報者保護法が制定され、内部通報制度の確立と公益通報者の保護が規定されている。

雪印乳業のように、社外取締役を企業倫理委員会の委員長としたり、企業倫理担当役員を任命したりする企業も出ている。企業統治と企業倫理との関係は、会社機関や内部の制度に関わるばかりでなく、SRIとも関係し、企業にCSR報告書の公表を促すようになっている。

6. おわりに

1990年代以降、株式所有構造が変化し、株式持合いの解消の動きが見られる一方で、株価低迷を背景として、企業年金基金連合会のような機関投資家が行動主義の下で、企業統治改革を求めるようになっている。さらに、市場主義的な規制緩和が政策として実施されるなか、企業統治のあり方に関連して、1993年以降商法が頻繁に改正されている。こうした企業統治のあり方の見直しにおいて、経営者は個別企業における企業統治改革ばかりでなく、OECDや東証の企業統治原則の制定に当たっても関与している。日本における企業統治改革においては、経営者が主導的な役割を果しているのである。取締役会の役割としては、業務執行を担当するものを監督・評価することがあるが、ソニーの例にみられるように、日本においても業績不振や事業構造の転換について、社外取締役が影響を与えるところも出ている。

2006年7月、世界最大の自動車会社であるGMは、行動主義的な株主より社外取締役をうけ入れ、ルノー・日産グループ等との提携を模索している。

こうした動きがある一方で、日本では、著名ベンチャー企業の経営者が証券取引法違反容疑で逮捕・起訴されるとともに、行動主義的な民間投資ファンドも検察当局からの捜索をうけ、法の網をくぐるような行動が問題となっている。こうした行為が企業統治のあり方から逸脱したものであることはいうまでもない。企業統治は、公正性や誠実さを制度的に保障することを経営者に求めるものだからである。

さらに、企業統治は、狭義には株主と経営者との関係に関わるものであるが、経営者に情報の公開や企業倫理の確立を求める側の株主にも、とくに、それが個人ではなく機関投資家となり、社会から広く資金を集めている場合には、同様の情報公開や倫理の確立が求められることになる。企業統治を広く捉えた場合には、企業と利害関係者との関係をさすことになるが、この場合においても、単に企業に誠実さが求められるばかりでなく、それを企業に求める利害関係者にも誠実さが求められることになる。

注
1 東京証券取引所の『上場会社コーポレート・ガバナンス原則』の「はじめに」の部分において、原則の目的が共通する認識基盤を提供することであるとしている（東京証券取引所発行『上場会社コーポレート・ガバナンス原則』2004年、p.3）。企業統治の定義およびその改革については、以下を参照のこと。
   出見世信之『企業統治問題の経営学的研究』文眞堂、1997年。
   出見世信之「企業統治改革の再検討—米英日の比較を中心に—」『明大商学論叢』第86巻第2号、2004年。
2 Eells, R., *The Government of Corporations,* The Free Press, 1966, p.3.
3 *Ibid.,* p.162.
4 Scott, J., *Corporate Business and Capitalist Classes,* Oxford University Press, 1994, p.2.
5 スコットの「星座上利益連関」の概念については、以下を参照のこと。
   Scott, J., *Corporations, Classes and Capitalism,* Hutchinson, 1979（中村瑞穂・植竹晃久監訳『株式会社と現代社会』文眞堂、1983年）。
   Scott, J. and C. Griff, *Directors of Industry,* Polity Press, 1984（仲田正機・橋本輝彦監訳『大企業体制の支配構造』法律文化社、1987年）。

Scott, J., *Capitalist Property and Financial Power: A Comparative Study of Britain, the United States and Japan,* Wheatsheaf Books, 1986（現代企業研究グループ訳『現代企業の所有と支配：英国・アメリカ・日本の比較研究』税務経理協会、1989年）．

6　川村正幸「コーポレート・ガバナンスの改革方向」『企業会計』第50巻第4号、1997年。また、会社法の立場から企業統治の問題について取り上げているものとして以下のようなものがある。
　　神田秀樹編『コーポレート・ガバナンスにおける商法の役割』中央経済社、2005年。
　　上村達男『会社法改革』岩波書店、2002年。
　　末永敏和『コーポレート・ガバナンスと会社法』中央経済社、2000年。

7　若杉敬明「コーポレート・ガバナンス―日本企業の課題―」『グッドガバナンス・グッドカンパニー』中央経済社、2000年。経済財務論の立場から企業統治の問題を扱っているものとして以下のようなものがある。
　　手嶋宣之『経営者のオーナーシップとコーポレート・ガバナンス』白桃書房、2004年。
　　また、経済学の立場からは、以下のようなものがある。
　　小佐野広『コーポレート・ガバナンスの経済学』日本経済新聞社、2001年。
　　経営学の分野においても、以下のようなものがある。
　　仲田正機編著『比較コーポレート・ガバナンス研究』中央経済社、2005年。
　　田中一弘『企業支配力の制御』有斐閣、2002年。
　　伊丹敬之『日本型コーポレート・ガバナンス』日本経済新聞社、2000年。
　　好川透『コーポレート・ガバナンスとIR活動』白桃書房、1998年。
　　Learmount, S., *Corporate Governance: What can be Learned from Japan?,* Oxford University Press, 2002.

8　その後、金融庁は、市場の信頼性を確保するために有価証券報告書の重点資産を継続的に行っている。詳しくは、以下を参照のこと。
　　http://www.fsa.go.jp/policy/m_con/index.html

9　財閥解体後の株式所有の動向については、以下を参照のこと。
　　奥村宏『三菱―日本を動かす企業集団―』社会思想社、1987年。
　　奥村宏『三菱とは何か』太田出版、2005年。

10　1980年代までの会社支配論については、以下を参照のこと。
　　総合研究開発機構編『21世紀の株式会社像』東洋経済新報社、1987年。

11　佐久間信夫『企業支配と企業統治―コーポレート・コントロールとコーポレート・ガバナンス―』白桃書房、2003年。

勝部伸夫『コーポレート・ガバナンス論序説―会社支配論からコーポレート・ガバナンス論へ―』文眞堂、2004年。

貞松茂『コーポレート・コントロールとコーポレート・ガバナンス』ミネルヴァ書房、2004年。

もっとも、会社支配論を研究した者であっても、それを直接的に継承せずに企業統治に関する研究を行っているものもある。たとえば、中村瑞穂は、企業倫理（business ethics）との関連のなかで、企業統治を「個別の株式会社企業が社会において展開する行動の基本的な進路の選択に関する最終的にして最高の統御を意味する」としている（中村瑞穂「企業倫理と企業統治」中村瑞穂編著『企業倫理と企業統治―国際比較―』文眞堂、2003年、p.3）。

12　佐久間信夫、前掲書、pp.170-171。
13　同上書、p.19。
14　同上書、p.171。
15　同上書、p.291。
16　勝部伸夫著、前掲書、p.iii。
17　同上書、p.306。
18　同上書、p.341。もっとも、この点については、企業統治論のすべての研究者がこのような見方をしている分けではない。企業統治の議論は、企業の目的の問題であるとする見方が「企業は誰のものか」を問わない議論の例である。
19　同上書、p.364。
20　「随伴的結果」については、以下を参照のこと。
　　三戸公『随伴的結果―管理の革命―』文眞堂、1994年。
21　貞松茂、前掲書、pp.179-180。
22　同上書、p.i。
23　同上書、p.180。
24　同上書、p.182。
25　同上書、pp.169-170。
26　総合研究開発機構編『21世紀の日本の株式会社像―「所有と支配」からみた分析―』東洋経済新報社、1985年、p.155。
27　もっとも1980年代の会社支配論の議論において、今日の企業統治問題やCSRに関連する問題が視野に入っていないことは無理のないことである。しかしながら、前掲書においては、「株式会社統治権」と訳されて企業統治への問題がアメリカにおいて急速に高まっていることが紹介され、「公共的利害関係者」の名における代表を取締役会に参加させるべきであるとする運動についても中村瑞穂教授により紹介されている（中村瑞穂「株式会社における『所有と支配』とは何か」

前掲書、p.182)。
28 菊澤研宗『比較コーポレート・ガバナンス論―組織の経済学アプローチ―』有斐閣、2004年、p.272。
29 菊澤研宗、前掲書、pp.272-273。
「閉ざされた組織」における企業統治では、経営者が自身の行動を常に正当化し、利害関係者からの批判をうけつけないものである。
30 たとえば、以下を参照のこと。
Post, J.E., A.T. Lawrence and J. Weber, *Business and Society*, 11th ed., McGraw-Hill, 2005.
31 日本経団連の企業行動憲章については、以下で公開されている。
http://www.keidanren.or.jp/japanese/policy/cgcb/charter.html
32 http://www.keidanren.or.jp/japanese/policy/2004/014.html
33 その全文は、以下で閲覧できる。
http://www.keidanren.or.jp/japanese/policy/2006/040.html
34 その後、JR西日本では、経営陣が交代し、専務、常務などの一部の経営幹部が事故の責任を問われ引責辞任している。2006年6月には、引責辞任した経営幹部が関係会社の社長に就任したことが明らかになった。また。JR東日本では、2006年の株主総会を前に経営陣の交代が発表され、社長が代表権のない会長に、会長が相談役になることが公表されている。
35 Stewart, D., *Business Ethics*, McGraw-Hill, 1996, p.213(企業倫理研究グループ訳『企業倫理』白桃書房、2001年、p.215)。
36 Cadbury, A., *Corporate Governance and Chairmanship*, Oxford University Press, 2002, p.195(日本コーポレート・ガバナンス・フォーラム英国コーポレート・ガバナンス研究会専門委員会訳『トップマネジメントのコーポレートガバナンス』シュプリンガー・フェアラーク東京、2003年、p.214)。
37 Henderson, V.E., *What's Ethical in Business?* McGraw-Hill, 1992, p.191(松尾光晏訳『有徳企業の条件』清流出版、1995年、p.332)。
38 エプスタイン稿「経営学教育における企業倫理の領域:過去・現在・未来」中村瑞穂編著、前掲書、p.211。
39 Goodpaster, K.E., "Business Ethics and Stakeholder Analysis," in Beauchamp, T.L. and N.E. Bowie, ed., *Ethical Theory and Business*, 6th ed., Prentice-Hall, 2001, p.71.
40 Goodpaster, K.E., *op.cit.*, p.74.
41 JR東日本の企業統治に関する報告書は、以下で閲覧できる。
http://www.jreast.co.jp/company/governance/pdf/report.pdf

第4章
リスクマネジメントと企業倫理
―「企業不祥事」をめぐって―

1. はじめに

　企業の存続のためには企業をとりまくあらゆるリスクに留意し対応する必要があるが、企業倫理に関する課題事項はそのようなリスクのひとつと捉えられる。とくに2001年12月にエンロン、2002年7月にワールドコムが不祥事の発覚により経営破たんして以降、このような考えが強まり、個別企業による企業倫理への取り組みも進んでいる。たとえば、日本経営倫理学会実証調査研究部会が1996年から3年ごとに継続実施している「日本企業における企業倫理制度化に関する定期調査」によると、「特別な仕組みを講じて『企業倫理の確立』に向けての取り組みに努めている」企業が、第1回の12.5%から第3回目の2002年には55.5%に上昇している。
　しかしその一方で「企業不祥事」は続発しており、日本を例にとっても同一企業での再発例すら見られる。たとえば、雪印乳業と三菱自動車工業では2000年の同時期に「不祥事」が発覚したが、前者では1955年に同様の集団食中毒事件を起こしており、2002年1月には子会社が牛肉偽装事件を起こした。後者の場合、2000年にリコール隠蔽事件が発覚したが、それ以前にも1996年にはアメリカの販売子会社でセクハラ訴訟、1997年には総会屋への利益供与事件で取締役が逮捕されており、2004年には再びリコール隠蔽が明るみになった。

以上のような状況をうけ、本章ではまずはリスクマネジメントの発展過程を踏まえ、リスクマネジメントの観点から企業倫理を捉える意義について検討する[1]。そのうえで、企業倫理への取り組み方法上の問題点について検討する。具体的には、多くの企業は「不祥事」の発覚を基準に企業倫理に関する問題を捉えており、その結果より根源的なレベルから企業倫理に取り組むことができないということを指摘する。そして、「不祥事」をめぐる損失発生プロセスに注目し、そのなかでとくに個人的な行為にかかわるハザード（hazard：損失生起拡大要因）であるパーソナルハザード（personal hazard）への対応に問題があることを指摘し、対処法としての企業倫理の制度化[2]のあり方について検討していく。

2. リスクマネジメントと企業倫理の接点

2-1. リスクマネジメントの概要

　リスクマネジメントには多様な定義が存在するが、広義に捉えると「経営体の諸活動に及ぼすリスクの悪影響から、最少のコストで、資産・活動・稼働力を保護するため、必要な機能ならびに技法を計画（planning）・組織（organizing）・指揮（directing）・統制（controlling）するプロセス」と定義づけることができる[3]。リスクマネジメントの邦訳は危険管理となるが、クライシスマネジメントの邦訳である危機管理と誤訳されることが多い。したがって本章では混乱を避けるためリスクマネジメントという表記を用いる。なお、危機管理は緊急事態（クライシス）に対応するものであり、リスクマネジメントの一部と位置づけることができる。

　リスクマネジメントは企業の保険管理から発展したものであり、1950年代からアメリカの企業で本格的に導入されはじめた[4]といわれる。したがって、リスクマネジメントの対象となるリスクは当初は付保可能なリスクに限定されていた[5]。しかし、経営環境の変化により、対象リスクもリスクマネジメントの役割も広がりをみせるようになると、リスクマネジメントの定義そのものが進化してくる。そして企業経営の一部としてリスクマネジメントが定

着するようになるにつれ、全社的リスクマネジメント（enterprise risk management：ERM[6]）が志向されるようになってきた。つまり、リスク担当役員（Chief Risk Officer）の統括下で、企業活動に付随するすべてのリスクをあらゆる角度から洗い出してその悪影響を分析し、統合されたフレームワークのなかでそれらを管理することが求められる。また、最も効果的なリスク処理手法を合成していくうえで、保険市場はもちろん資本市場を通じたリスク処理まで選択肢は広がっている。

そしてリスクマネジメントプロセスには以下のようないくつかの重要なステップがふくまれる[7]。①あらゆる重要なリスクの識別、②損失の潜在的な頻度と強度の評価、③リスク処理手法の展開と選択、④選択したリスク処理手法の実施、⑤事業を継続するなかでリスクマネジメント手法と戦略の実行状況と適合状況を監視する。そして、このようなリスクマネジメントプロセスの規格化も世界的に進んでおり、個別企業がリスクマネジメントプロセスを実践する一般的な手法が示されているのが現状である[8]。

2-2. リスクマネジメントの目的と企業倫理

リスクマネジメントの目的は1970年代の代表的な文献において以下のように示された。「組織の存続、効率性と成長、リスク回避的な経営に即応することが挙げられるが、なかでも組織の存続が最重視される[9]」。ところで、リスクマネジメントの目的は企業目標に従属するものである。森宮はヘッド（Head, G. L.）での展開をもとに企業目標とリスクマネジメントの目的の関係を図表4-1のように示している[10]。そして近年の企業倫理に対する関心の急速な高まりを考慮すると、企業はその存続のためには倫理的な価値基準も取り入れたリスクマネジメントを実践する必要があるということができる。

その後ERMの進展に伴い、利益面まで考慮したリスクマネジメントが求められるようになってきている。たとえば最近の文献では、リスクマネジメントの全般的な目的はリスクのコストを最小化させ、株主に対し企業価値を最大化させることである[11]とされる。このような考えに従えば、企業倫理へ

●図表4-1　リスクマネジメントの目的

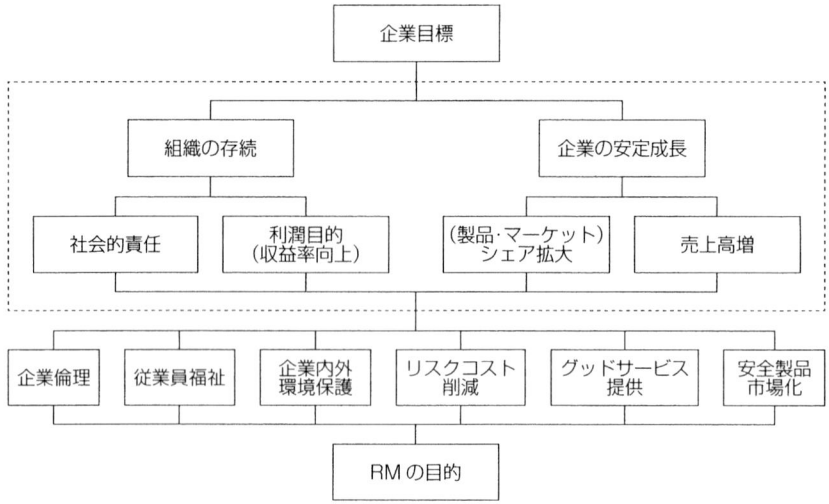

```
                        ┌──────────┐
                        │  企業目標  │
                        └──────────┘
        ┌──────────────────┴──────────────────┐
    ┌────────┐                          ┌──────────┐
    │組織の存続│                          │企業の安定成長│
    └────────┘                          └──────────┘
     ┌────┴────┐                      ┌──────┴──────┐
 ┌──────┐ ┌──────────┐     ┌──────────────┐ ┌──────┐
 │社会的責任│ │  利潤目的  │     │(製品・マーケット)│ │売上高増│
 │      │ │(収益率向上)│     │  シェア拡大   │ │      │
 └──────┘ └──────────┘     └──────────────┘ └──────┘
```

| 企業倫理 | 従業員福祉 | 企業内外環境保護 | リスクコスト削減 | グッドサービス提供 | 安全製品市場化 |

```
                    ┌────────┐
                    │ RMの目的 │
                    └────────┘
```

出所：森宮康『変化の時代のリスクマネジメント』(社)日本損害保険協会、1994年、p.70。

の取り組みのコストとベネフィットを表面的にかつ短期的にしか捉えていないと、企業倫理上の課題事項のリスクとしての重要性を認識していても、リスクマネジメントの対象にふくめることへの組織内での合意が得にくくなる[12]。しかし個別企業は多発する「不祥事」の影響で「不祥事」が引き起こす損失の大きさだけは認識するようになったため、十分な議論がないまま緊急の課題として「不祥事」への対応をせざるをえなくなったのが現状と考えられる。そこでリスクマネジメントの目的を明確にするため次項で「企業倫理リスク」の認識状況を、そしてその次の項ではリスクマネジメントにおける「企業倫理リスク」の研究状況を確認する。

2-3. リスクマネジメントにおける「企業倫理リスク」

　企業倫理は狭くは「公正かつ適切な経営を行なうための組織内活動」[13]、と定義づけられる。そして、企業倫理上の課題事項はリスクマネジメントを実践するうえでオペレーショナルリスク（日常業務遂行上のリスク：operational risk）やビジネスリスク（事業運営上のリスク：business risk）

のなかの評判リスク（reputation risk または reputational risk）と関連づけて把握されてきている[14]。オペレーショナルリスクには多様な定義があるが、一般的には企業の日常的な業務執行に伴って発生するリスクを意味するもので、とくに1995年のベアリングス銀行の破たんや大和銀行の巨額損失事件をきっかけに注目されるようになった[15]。

ビジネスリスクは企業が事業を遂行するうえで避けられないリスクであり、そのうちの評判リスクは企業の評判の低下がもたらすリスクで、リスクマネジメント担当者が認識しなくてはならない新たなリスクのひとつとされる[16]。「企業不祥事」の結果業績が大幅に低下する企業が多いが[17]、そこには「不祥事」そのものの影響に加え、評判リスクがもたらす損失が大きく関与していると捉えられる。たとえばバナノフ（Bananoff, E.）が商社を想定して行なったリスクマッピング[18]では、評判リスクは企業をとりまくリスクのなかで年間の発生頻度が最も高く、被害の大きさもテロ行為に次ぐ極めて重要なリスクと位置づけられている（図表4-2参照）[19]。そしてこのリスクには、保険を用いた最も伝統的なリスク対応が適さないことも示されている[20]。

このように「企業不祥事」発覚の結果としての評判リスクは企業にとって

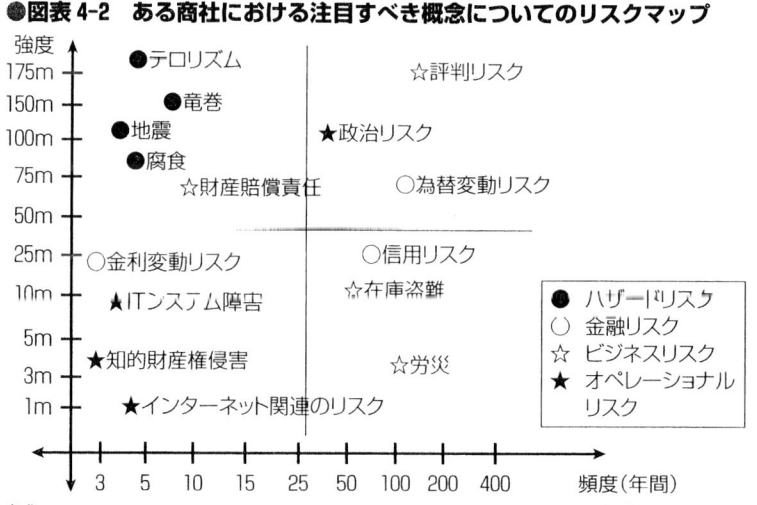

●**図表 4-2　ある商社における注目すべき概念についてのリスクマップ**

強度
- 175m　●テロリズム　　　　　☆評判リスク
- 150m　●竜巻
- 100m　●地震　　　　　★政治リスク
- 75m　●腐食
- 　　　　　☆財産賠償責任　○為替変動リスク
- 50m
- 25m　○金利変動リスク　　○信用リスク
- 10m　★ITシステム障害　☆在庫盗難
- 5m
- 3m　★知的財産権侵害　　☆労災
- 1m　　★インターネット関連のリスク

凡例：
- ● ハザードリスク
- ○ 金融リスク
- ☆ ビジネスリスク
- ★ オペレーショナルリスク

頻度（年間）：3　5　10　15　25　50　100　200　400

出典：Bananoff, E., *Risk Management and Insurance*, Wiley, 2004, p.54に加筆。

＜代表事例＞

◆融資一体型変額保険

　変額保険とは「その資産を株式や債権などの有価証券に融資し、その運用成果に応じて保険金額や解約返戻金額が変動するしくみの生命保険（大蔵省保険第一課内変額保険研究会監修『変額保険ガイド』p.6）」で、日本では1986年から販売が開始された。従来の生命保険とは異なり、契約者が保険資産の運用リスクを負うハイリスクハイリターン商品であり、その販売は変額保険販売資格を持つ生命保険募集人に限定されている。

　バブル経済期の1988年から1991年にかけ、相続対策を目的に都市銀行と生命保険会社により「融資一体型変額保険（大阪地裁平成12年12月22日判決（金融・商事判例1110号 p.26以下）での表現を使用）」が発売された。その仕組みは、まずは契約者が①銀行から土地を担保に保険料全額に相当する金額の融資を受け、②保険料全額を払い込んで変額保険に加入する。その後③借入金の利息は順次貸し増されるため、④相続発生時に保険金（または解約返戻金）を用いて元金および利息の返済を行うというというものある。いわゆる財テクとは無縁の都市部の住民に対し、将来予想される膨大な相続税の準備資金をまかなうことを目的に、「一銭もかからない相続税対策」として銀行と生命保険会社により積極的に販売され、4万件近くの契約が成立したと言われる。しかしバブル崩壊後の運用実績は悪化の一途をたどり、契約者の多くは巨額の負債を抱え込み、死亡時に土地を処分してもなお負債が残る状況となった。

　この結果、多くの契約者が融資一体型変額保険の契約無効を求める訴訟を起こした。またマスコミも銀行と生命保険会社の対応を批判する報道を繰り返した。しかし、2000年末までの判決事件数は410件で、うち請求容認事件数（一部勝訴を含む）42件であった。多くの場合は裁判上の和解により解決され、その内容は公開されなかった。

　その後融資一体型変額保険の販売は停止している。このため、裁判の重要な争点であった①融資一体型変額保険に問題があるかどうか、②銀行と生命保険会社による勧誘・販売過程に問題があったかどうか、についての十分な議論がなされないまま今日に至っている。

深刻なリスクではあるが、企業倫理に関するリスクの一部でしかない。しかし多くの企業では「企業不祥事」の発覚を基準に企業倫理リスクを捉え、「不祥事」の発覚とその間接的影響である評判の低下を軽減することのみを企業倫理リスク対応とする傾向にある[21]。したがって、「不祥事」発生を助長した根本的な原因にまでさかのぼった対応は行なわれず、「不祥事」の再発を防止できないのである。

2-4. リスクマネジメントと企業倫理の接点

次に「企業倫理リスク」についての研究状況を確認していく。リスクマネジメントの領域での「企業倫理リスク」への関心の高まりを反映し、ジェンタイル（Gentile, M.C.）、ユーイングとリー（Ewing, L.E. and R.B. Lee）、オルアク（O'Rourke, M.）などがその専門誌である *Risk Management Magazine* で実務家の立場からリスクとしての深刻さに言及している[22]。しかし保険とリスクマネジメントに関する学術誌では「企業倫理リスク」を全面的に取り上げた論文の掲載は稀である[23]。そして保険募集に関わる倫理的な問題や特定保険商品の販売に関する倫理的課題事項については、企業倫理の専門誌を中心に、保険とリスクマネジメントに関する学術誌でも言及されている[24]。

これに対し企業倫理に関する学術誌では、リスクマネジメントと企業倫理双方の研究者がリスクとして企業倫理に言及した論文が掲載されている。クック（Cooke, R.A.）は倫理学者の立場からは非倫理的な行為が企業をリスクにさらすとともに、広報のきっかけ（public relation initiative）として倫理を取り扱うことのリスク[25]を指摘する。これに対し、シソン（Sison, A.J.G.）、フランシスとアームストロング（Francis, R. and A. Armstrong）、ドレナン（Drennan, L.）はリスクマネジメント研究者の立場から企業倫理上の課題事項を捉え、企業倫理の制度化によるリスク対応の必要性について述べている[26]。

これらの研究から、リスクマネジメントと企業倫理に共通する問題点として、「不祥事」の把握方法を指摘することができる。リスクマネジメントの

●図表4-3　リスクマネジメントと企業倫理、「評判リスク」の位置づけ

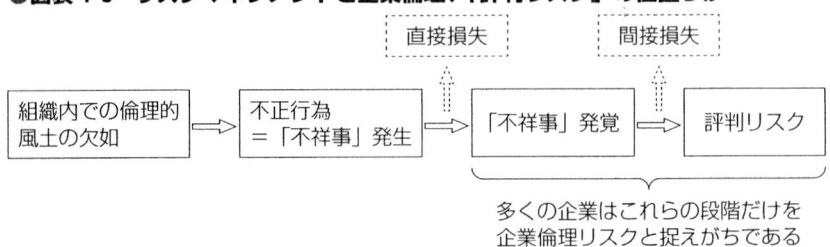

```
                              直接損失        間接損失
┌─────────┐   ┌─────────┐   ┌─────────┐   ┌─────────┐
│組織内での倫理的│→ │ 不正行為  │→ │「不祥事」発覚│→ │ 評判リスク │
│ 風土の欠如   │   │=「不祥事」発生│   │         │   │         │
└─────────┘   └─────────┘   └─────────┘   └─────────┘
                              多くの企業はこれらの段階だけを
                              企業倫理リスクと捉えがちである
```

領域からの研究では「不祥事」発覚の有無にまずは着眼し、より根源的な不正行為の是非にまで議論が及びにくい。これに対し企業倫理の領域からの論文でも、本来あるべき不正行為そのものの是非にまで至っていない。その結果、多くの企業は企業倫理リスクに対し不十分な把握をするようになった。この関係は図表4-3で示される。

「企業不祥事」対応を切り口にするとしても、リスクマネジメントの研究者は、より根源的な問題として企業倫理リスクを捉え、企業倫理の領域での研究成果を採り入れた対応をしなくてはならないと考えられる。そこで3節ではリスクマネジメントの観点から「不祥事」発生メカニズムを確認し、企業倫理の観点もとりいれて問題点を明確にする。これにより、企業倫理上の課題事項により効果的に取り組む方法について考察していく。

3. 企業倫理上のリスクへの対応における問題点

3-1. リスク類概念と「企業不祥事」

リスクとは「予定された結果と現実の状態の不均衡（変動＝差）」[27]と定義づけられる。そしてリスクの発生には前述のハザードと危険事故つまりペリル（peril）[28]が関係し、リスクのマイナスの結果としてロス（損失）が生じる。これらリスク類概念の関係は図表4-4で示される。さらにハザードのうち人に関係するハザード分類したものが図表4-5である。パーソナルハザードには故意・悪意または重過失による損失生起拡大要因であるモラルハザード（moral hazard）と過失による損失生起拡大要因はモラールハザード

●図表 4-4　ハザード、ペリル、リスク、損失関係図

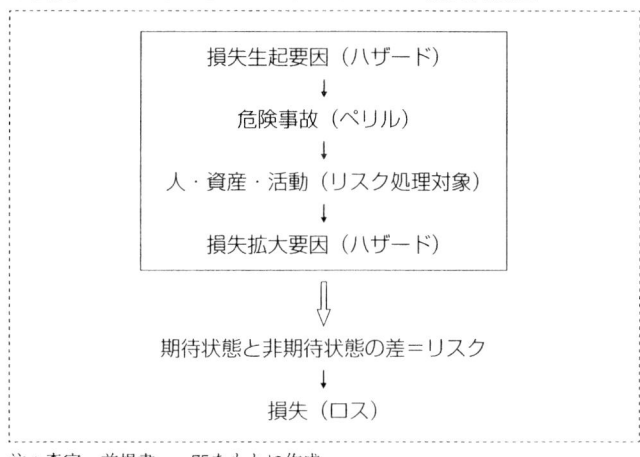

```
┌─────────────────────────────────┐
│        損失生起要因（ハザード）        │
│              ↓                  │
│         危険事故（ペリル）           │
│              ↓                  │
│   人・資産・活動（リスク処理対象）      │
│              ↓                  │
│       損失拡大要因（ハザード）        │
└─────────────────────────────────┘
              ⇓
      期待状態と非期待状態の差＝リスク
              ↓
           損失（ロス）
```

注：森宮、前掲書、p.75をもとに作成。

●図表 4-5　人の行為に関するハザード

```
⎧ パーソナルハザード……………… 行為主体の個人的行為に関するハザード
⎪  ⎧ モラルハザード……………… 故意・悪意または重過失による損失生起拡大要因
⎨  ⎨ モラールハザード…………… 過失による損失生起拡大要因
⎪  ⎩ ジャッジメントハザード…… 善意の判断ミスによる損失生起拡大要因
⎩ ヒューマンハザード……………… 行為主体の個人的な行為以外の犯罪行為や過失、
                              社会の道徳的規範に関するハザード
```

（moralc hazard）、さらにはジャッジメントハザード（judgment hazard）がふくまれる[29]。

ところで、モラルハザードという用語は保険市場を対象とした研究から使用されはじめたが、現在ではその使用領域は拡張し続けている。とくに日本では、1990年代後半からの金融機関の不良債権問題をめぐる一連の問題との関連で注目が高まった。具体的には、バブル期に過剰融資を行なった金融機関は大量の不良債権を抱えることになり、このような事態に至らしめた金融機関の経営者の経営判断に「モラルハザード（倫理の欠如）」が内在すると批判された。そして1998年に経営責任が十分に問われないまま不良債権処理のために公的資金が投入されると、これを機に、企業活動に対する公的保護等が存在することで経営者のモラルハザードが助長されると懸念されはじ

た。つまり、モラルハザードが「企業不祥事」による損失を引き起こしたり拡大するということである。しかし不良債権問題をめぐっては単にモラルハザードという用語が使用されただけで、損失発生プロセスのなかでハザードとして認識し対策が講じられるには至らなかった。

そこで以下では、「不祥事」による損失とそこに関与するハザード、そして最終的な損失が生じるまでの過程を示し、企業倫理上のリスク対応における問題点を指摘していく。

3-2.「企業不祥事」をめぐる損失発生プロセス

「不祥事」の発覚を基準に企業倫理を問題としている企業にとっては、「不祥事」が発覚しないことが期待状態であり、これに対する非期待状態が「企業不祥事」の発覚による損失発生となる。したがって、企業倫理に関するリスクと損失の関係は図表4-6のように示される[30]。

まずは法律や業界の自主規制等で要求される制度と、後述するような企業

●図表4-6 「企業不祥事」の発覚を基準に捉えた企業での損失発生プロセス

```
        「企業不祥事」未発生（期待状態）
                ↓
企業倫理促進のための制度導入の不備がある状態（フィジカルハザード）
制度運用に不備がある状態（モラルハザード、モラールハザード）
                ↓
経営者・従業員のモラル、モラールの低下、
企業倫理上の課題事項に対する認識不足　（モラルハザード）
                ↓
        「企業不祥事」発生
                ↓
        「企業不祥事」発覚（ペリル）
                ↓
              直接損失
                ↓
「不祥事」拡大（組織内での隠蔽体質の共有：モラルハザード）
        （対応の遅れなどの不適切な対応：モラールハザード）
                ↓
            直接損失の拡大
                ↓
     評判の低下（間接損失）（非期待状態）
```

倫理の制度化促進のための制度導入に不備があれば、制度という物理的な損失生起拡大要因つまりフィジカルハザード（physical hazard）が損失を引き起こすことになる。次の段階として、制度導入後普及させるための人的努力が欠かせない。このため、運用上の不備がありその内容が組織内に浸透していないならば、モラルハザードまたはモラールハザードが損失を引き起こすことになる。

以上のハザードが存在する場合は、たとえ「不祥事」が発覚しなかったとしても偶然の結果でしかなく、企業は常に「不祥事」が発生しうる不安定な状態にあるといえる。このような企業では組織内に隠蔽体質が蔓延しているため、ひとたび「不祥事」が発生すると、速やかに事実を公表し適切な対応をすることは難しい。つまり、隠蔽体質というさらなるモラルハザードが損失を拡大させることになる。

これに対し、リスクマネジメント目的を見直し、目先の「不祥事」ではなく企業倫理上の課題事項に根本的に取り組むという視点に戻ると、「企業不祥事」の発覚は以下のように捉えられる。企業にとっての期待状態は組織に企業倫理が浸透した状態であり、これが達成できないことが非期待状態となる。つまり企業にとって「不祥事」発覚の有無は結果的な問題でしかない。このような企業では前述のハザードに対処し企業倫理を組織に浸透させているため、ペリルとしての「不祥事」は起こりにくい。また万一発生しても適切に対処できるので、「不祥事」による損失を最小に抑えることができる。

●図表 4-7　企業倫理が浸透した企業で生じた「企業不祥事」と損失

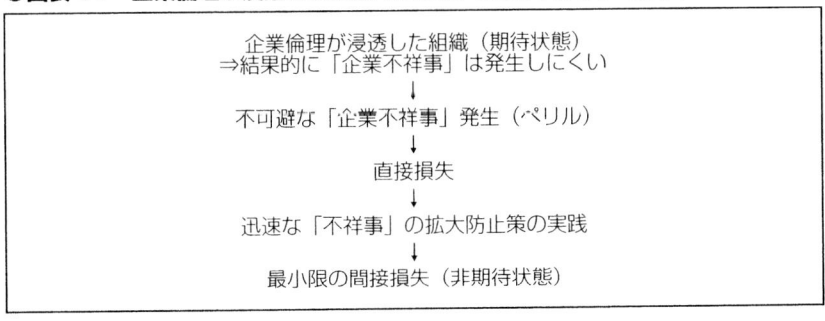

```
        企業倫理が浸透した組織（期待状態）
        ⇒結果的に「企業不祥事」は発生しにくい
                    ↓
        不可避な「企業不祥事」発生（ペリル）
                    ↓
                  直接損失
                    ↓
        迅速な「不祥事」の拡大防止策の実践
                    ↓
        最小限の間接損失（非期待状態）
```

このような企業にとっての「不祥事」と損失の関係は図表4-7のように示される。

3-3. 価値共有型アプローチによる企業倫理の制度化

「不祥事」発生を防止するには、企業倫理の確立を阻害する図表4-6で示されたようなハザードを軽減しなくてはならない。コーポレート・ガバナンス型アプローチ[31]による対応は、企業倫理に対する認識に関係なく導入せざるをえない企業内制度の整備であり、一定の効果はあるものの、これだけでは制度運用上の不備を引き起こすモラルハザードやモラールハザードを十分に制御することは難しい。想定されうる「不祥事」発生を防止するためには、これに加えて企業行動憲章、倫理綱領等の策定など、法令遵守を前面に出すコンプライアンス型アプローチによる企業倫理の制度化を徹底させなくてはならない[32]。最終的には、特定の「不祥事」対応に限らず長期的に企業倫理を浸透させるには、理念や価値基準を重視し組織の誠実さ（integrity）を高める価値共有型アプローチによる企業倫理の制度化が必要となる。

リスクマネジメントプロセスにおいてリスクを認識することは、最も重要であり同時に最も困難なステップである。まずは「企業不祥事」が企業倫理リスクの一部でしかないことを認識する必要がある。そのうえで企業倫理を促進していかなくてはならない。どんなに優れた企業でも、「不祥事」の発生を完全に防止することは不可能である。しかし、倫理的な価値基準が共有された組織が確立していれば、企業倫理上の課題事項をリスクとしていち早く認知し、それを助長するハザードに対処して「不祥事」の発生を最小に抑えることができる。そしてひとたび「不祥事」が発生した場合でも、組織内の隠蔽体質というモラルハザードと不適切な対応というモラールハザードが制御されているので、事件後速やかに事実を公表し適切な対応が行なわれ、「不祥事」による損失は最小限に抑えられる。このような経験を活かせれば、「不祥事」の再発を防止することにもつながるのである。

4. おわりに：倫理的価値共有の重要性

　リスクマネジメントの発展過程を踏まえると、企業倫理に関する課題事項を企業にかかわる深刻なリスクと把握し対処するようになったことは極めて自然な展開であり、リスクマネジメントの観点から企業倫理を捉えること自体は否定されるべきではない。しかし、企業倫理リスクの認識方法には問題がある。つまり、企業倫理に関するリスクを緊急度の高いリスクと評価する一方で、「不祥事」発覚を基準に表面的に捉えているため場当たり的な対応をしている企業が少なくない。この結果、リスク対応のために企業行動憲章、倫理綱領等の策定などの制度までは整備できても、導入した制度を十分に機能させることができない。さらに、「不祥事」が生じても目先の損失のみを考えて事実を隠蔽するため、逆に損失を拡大させることになる。このような対応を続けていれば、同様の事例を再発させることになる。

　本章ではこのような実態を説明するため「企業不祥事」をめぐる損失発生プロセスに注目し、企業倫理リスクを助長するモラルハザードとモラールハザードへの対応がとくに重要であることを指摘した。モラルハザードという言葉の使用範囲が広がりリスクマネジメントと企業倫理の接点が明確になったが、現時点ではそれ以上の進展はない。企業倫理の本質を理解したうえで企業倫理上の課題事項をリスクと捉えれば、何がペリルでそこに損失を助長させるパーソナルハザードがどのように作用しているか明確にすることができる。そして最終的に、価値共有型アプローチによる企業内制度というリスク処理手法が必要であるという結論を導き出すことができる。

　このように、リスクマネジメントと企業倫理はそれぞれの成果を活かしうる分野である。企業倫理はリスクマネジメントのハザード概念を取り入れ企業倫理上の課題事項の問題化のプロセスを明確にし、実効性のある企業倫理の制度化を実現することができる。またリスクマネジメントの対象リスクが拡大し、リスク処理手法の選択肢も定量化可能なリスクに対するリスクファイナンス[33]手法全般に広がっている。さらに定量化が困難なリスクも定量化

されるようになってきているが、実態を正確に評価し十分な対応ができているとは言えないのが現状である。企業倫理リスクはこのようなリスクのひとつである。企業倫理リスクに対するリスクマネジメントの観点からの学術的な研究を促進し、企業倫理の分野での研究成果を取り入れれば、より有効なリスク処理手法を構築することができる。これがリスクマネジメントの観点から企業倫理を捉える意義といえるだろう。

注
1 　企業がリスクマネジメントの観点から企業倫理に取り組むことに対しては、企業倫理を手段化しているという否定的な見解もある。さらに、企業倫理を経営戦略として捉えることの是非を論じた論文として、以下のものが挙げられる。
　　Hushed, B.W. and D.B. Allen, "Is It Ethical to Use Ethics as Strategy?" *Journal of Business Ethics*, 27, 2000.
2 　企業倫理の制度化とは企業倫理の具体的実践を推進するために組織的体系を構築することである。主な構成要素については中村瑞穂「企業倫理実現の条件」『明治大学社会科学研究所紀要』Vol.39、No.2、2001年、pp.97-98を参照のこと。
3 　森宮康『変化の時代のリスクマネジメント』㈳日本損害保険協会、1994年、p.69。
4 　1900年頃からのアメリカでのリスクマネジメントの発展過程については石名坂邦明『リスクマネジメントの理論』白桃書房、1994年、pp.4-5を参照のこと。
5 　保険制度では基本的に損失が生じるか生じないかの可能性だけが存在する純粋リスク（pure risk）のみを扱い、利得の可能性をふくむ投機的リスク（speculative risk）を対象としない。その理由については以下の文献を参照のこと。
　　Rejda, G.E., *Principles of Risk Management and Insurance*, 9th ed., Addison Wesley, 2005, p.6.
6 　Baranoff, E., *Risk Management and Insurance*, Wiley, 2004.
　　バナノフはERMを、①保険によるリスクマネジメント、②技術と通信手段の急激な成長、③リスク測定の定量的技法とモデルの発展、④金融市場の進展のそれぞれが成熟化するなかから生じてきたとする。
7 　Herrington, S.E. and G.R. Niehaus, *Risk Management and Insurance*, 2nd ed., McGraw Hill, 2004, pp.8-9（米山高生・箸方幹逸監訳『保険とリスクマネジメント』東洋経済新報社、2005年、p.12）。
8 　リスクマネジメントに関する国家規格としては1995年にオーストラリアと

ニュージーランドが制定した AS/NZS4360：1995が最初のものである（1999年に改正された）。その他の国での導入状況についてはインターリスク総研『実践リスクマネジメント　事例に学ぶ企業リスクのすべて（第二版）』経済法令、2005年、pp.38-60を参照のこと。日本では1995年の阪神淡路大震災をきっかけに危機管理システムの規格化の議論がはじまり、より包括的なリスクマネジメントシステムとして2001年にJIS Q2001:2001「リスクマネジメントシステム構築のための指針」が導入された。この規格はISO9000シリーズやISO14000シリーズ同様のPDCAのマネジメントサイクルに従っており、ISOでリスクマネジメントに関する用語の統一は行なわれているが、現時点では日本国内のみで通用する規格である。規格の詳細については以下の文献を参照のこと。

　日本規格協会『JIS Q 2001：2001リスクマネジメントシステム構築のための指針』日本規格協会、2003年。

　なお、ERMプロセスの標準化も進んでおり、たとえばアメリカ・トレッドウェイ委員会組織委員会の後援団体（The Committee of Sponsoring Organization of the Treadway Commission: COSO）2001年12月からリスクマネジメントフレームワーク（COSO Enterprise Risk Management Framework "COSO ERM"）の策定を進め、2003年7月に公開草案を発表し、2004年10月29日に最終版が公表された。その概要については、
http://www.coso.org/Publications/ERM/COSO_ERM_ExecutiveSummary.pdf
参照のこと。

9　Mehr, R.I. and B.A. Hedges, *Risk Management Concepts and Applications*, Irwin, 1974, p.24.
10　森宮、前掲書、p.70。
　Head, G.L., *Risk Management Process*, The Risk and Insurance Management Society, Inc., 1978.
11　Herrington and Niehaus, *op. cit.*, p.23（米山・箸方監訳、前掲書、p.35）。リスクのコストの構成要素には想定される損失、ロスコントロールのコスト、ロスファイナンシングのコスト、組織内でのリスク軽減のためのコスト、リスク処理手法を実施してもさらに残る不確実性についてのコストがふくまれる。
12　企業倫理に留意することが採算にあうものかどうかには多様な見解がある。ペインは答えがひとつではないと述べる（Paine, L.S., *Value Shift*, McGraw Hill, 2003）。またストーマーはCSRが求められるようになった現状を踏まえ、採算がとれるかどうかが中心の議論から、企業システム自体の価値観を変えざるをえなくなってきたことを指摘する（Stormer, F., "Marking the Shift: Moving from 'Ethics Pays' to an Inter-systems Model of Business," *Journal of Business*

Ethics, 44, 2003)。

13　出見世信之『企業倫理入門』同文舘出版、2004年、p.8。なお同書では、より広くは「企業に一般的な倫理原則や倫理的分析を行なう倫理学の応用分野であり、一般に認められた社会的価値観にもとづき、企業行動の通常の進行過程における企業主体（個人および組織体）の制度・政策・行動の道徳的意義に関して行なわれる体系的内省」と定義づけている。

14　バナノフは企業が直面するリスクとしてこの他にハザードリスクと金融リスクを挙げる（Bananoff, E., *Risk Management and Insurance*, Wiley, 2004）。なお同書ではハザードリスクとは通常の経営環境以外から生じた不測の事象を示し、例として地震、竜巻、テロなどが挙げられている。またシンピでは Telecom 社を例に企業を取り巻くリスクをオペレーショナルリスク、ビジネスリスク、マーケットリスクに分類している（Shimpi, P., *Integrating Corporate Risk Management*, TEXERE, 2001）。

15　クローヒーは金融機関が直面するリスクの詳細な分類を行ない（Crouhy, M. et al., *Risk Management*, McGraw Hill, 2001, pp.38-39）、そのひとつであるオペレーショナルリスクへの対応について述べている（*Ibid.*, pp.475-527）。日本でも大和銀行巨額損失事件をきっかけにオペレーショナルリスクへの関心が高まった。また2006年末に予定されている新たな BIS 規制では自己資本比率の計算にオペレーショナルリスクの数値を加える必要が生じる。この状況を見据えて銀行業務のリスク管理サービスを強化するシンクタンク等も増えている（日本経済新聞、2003年10月2日、2004年2月19日）。

16　レイナーは評判リスクを評判に対するリスクの総称で、オペレーショなるリスクをはじめあらゆるリスクと関連するものとする。そして、評判は企業の重要な資産であるが、企業は明確でその金銭的影響を定量化可能なリスクに焦点を当てる方が容易なのであまり検討されてこなかったと指摘する（Rayner, J., *Managing Reputational Risk*, John Wiley & Sons, 2003, p.19）。

17　相次ぐ「不祥事」で信頼を失った三菱自動車工業の2004年9月連結中間決算では最終損益が1786億円の赤字となり、中間決算としては過去最悪の赤字となった。その後2005年9月期は640億円前後の赤字となり期初予想より赤字幅は減少し、これを反映し株価も好転しているものの、「不祥事」の影響の大きさは計り知れない（日本経済新聞、2004年11月8日夕刊、2005年11月9日）。

18　リスクマッピングはリスクマネジメントの第一段階において実施されるもので、企業を取り巻くリスクを発見し評価し、企業全体としての位置づけを明確にするプロセスである。

19　Bananoff, *op. cit.*, pp.53-58.

20 　特定の「不祥事」対応に限定すれば保険での対応も有力な一手法となる。たとえば、2000年6月に発生した雪印乳業集団食中毒事件後の8月に興亜火災（当時）は『食品事故総合保険』の販売を開始した。この保険は食中毒を発生させ、異常のある製品を流通させてしまった場合に、食品の製造・加工または販売業者が被る費用損害と喪失利益および損害賠償費用が包括的に補償する（『インシュアランス〔損保版〕』第3909号、2000年9月7日、p.18）。
21 　ある課題事項に対する企業への社会的要請が存在することが、企業にもうひとつ別の課題事項を発生させる。これは企業が課題事項に応答するパターンの一類型である。この考え方は第62回企業倫理研究グループ研究会（2004年1月10日）での関東学院大学小山嚴也先生の報告に依拠したものである。
22 　Gentile, M. C., "Business Ethics: Setting the Right Course," *Risk Management*, September, 1998.
　　Ewing, L. E. and R. B. Lee, "Surviving the Age of Risk: A Call for Ethical Risk Management," *Risk Management*, September, 2004.
　　O'Rourke, M., "Protecting Your Peputation," *Risk Management*, April, 2004.
23 　数少ない掲載例であるラーキンとカスクールでは「企業不祥事」が保険会社にマイナスの影響を及ぼすことを指摘し、その理由として、機関投資家であるため投資先企業の不祥事が影響すること、役員賠償責任保険（Directors and Officers liability insurance）と過失怠慢責任保険（errors and omissions policies）での支払いが増えるという2点を挙げる（Larkin, Jr., S. W. and J. S. Casscles, "How the Recent Corporate Governance and Financial Scandals May Affect the Debate on the Future of the State Regulation of Insurance," *Journal of Insurance Regulation*, Summer, Vol. 21, Issue 4, 2003）。
24 　たとえば、保険研究者によるものとしてはクーパーによる保険業における倫理的課題事項（保険業自体、専門職倫理に関する32項目）と倫理的行動の阻害要因（18項目）の重要度について、生損保それぞれについてアメリカで時系列的に実施したアンケートがある。生保については1990年 CLU（認定生命保険士）、ChFC（認定ファイナンシャルプランナー）対象（Cooper, R. W. and G. L. Frank, "Ethics in the Life Insurance Industry: The Issue, Helps and Hidrances," *Journal of the American Society of CLU and ChFC*., 45, 1991）、1991年 FSA（アクチュアリー会正会員）対象、1995年 MDRT（百万ドル円卓会議）メンバー対象（Cooper, R. W., J. P. Bell, and G. L. Frank, "The Ethical Environment Facing Life Insurance Professionals: Views of MDRT Members," *Journal of the American Society of CLU and ChFC*, 50, 1996）、2003年 CLU、ChFC 対象（Cooper, R. W. and G. L. Frank, "The Highly Troubled Ethical Environment of the Life Insur-

ance Industry: Has It Changed Significantly from the Last Decade and If So, Why?" *Journal of Business Ethics*, 58, 2005)、損保は1990年、2000年に CPCU（認定損害保険士）対象（Cooper, R. W. and G. L. Frank, "Ethics in the Property and Casualy Insurance Industry," *CPCU Journal*, Vol. 43, 1990; Cooper, R. W. and G. L. Frank, "Key Ethical Issues Facing the Property and Casualty Insurance Industry: Has a Decade Made a Difference?" *CPCU Journal*, Vol. 54, 2001)、生損保の比較については Cooper, R. W. and G. L. Frank, "Ethical Challenges in the Two Main Segments of the Insurance Industry: Key Considerations in the Evolning Financial Services Marketplace," *Journal of Business Ethics*, 36, 2002. がある。

さらにリーらはこれらの研究をもとに韓国のアクチュアリーが直面する倫理的課題事項についてアンケート調査し国際比較を行なっている（Lee, B, K. Lee, and H. Lee, "Key Ethical Issues and Hindrances to Ethical Behavior in Korean Insurance Industy," The 8th Asia-Pacific Risk and Insurance Association Annual Conference, Proceedings, 2004)。その他クーパーとドーフマンは保険市場が発展途上にある東欧諸国で保険会社が直面する倫理問題を（Cooper, R. W. and M. S. Dorfman, "Business and Professional Ethics in Transitional Economies and Beyond: Considerations for the Insurance Industries of Poland, the Czech Republic and Hungary," *Journal of Business Ethics*, 47, 2003)、エストマンらでは保険専門職の倫理（Eastman, K. L, J. K. Eastman, and A. D. Eastman, "The Ethics of Insurance Professionals: Comparison of Personal Versus Professional Ethics," *Journal of Business Ethice*, 15, 1996)、ドゥスカは生命保険業における企業倫理の重要性（Duska, R., "Ethics and Compliance in the Business of Life Insurance: Reflections of an Ethicist," *Journal of Insurance Regulation*, Vol. 18, No. 2, 1999) を、ライトは団体医療保険をめぐる保険数理的公平性と社会的公平性について取り上げている（Light, D. W., "The Ethics of Corporate Health Insurance," *Business & Professional Ethics Journal*, Vol. 10, No. 2, 1991)。これに対し倫理学者が保険市場について取り上げた論文としてはカーソンは健康保険の販売慣行をめぐる問題（Carson, T. L., "Ethical Issues in Sales: Two Case Studies," *Journal of Business Ethics*, 17, 1998) を、ホリーは商品販売をめぐる情報提供問題のひとつとして保険商品の販売慣行を取り上げる（Holley, D. M., "Information Disclosure in Sales," *Journal of Business Ethics*, 17, 1998)。この他ディーンは保険詐欺（Dean, D. H., "Perceptions of the Ethicality of Consumer Insurance Claim Fraud," *Journal of Business Ethics*, 54, 2004)、ディーコンとエニューはイギリスを対象に倫理的な企業風土が保険会社のコーポレートガバナ

ンスに好影響を与えることについて言及する（Diacon, S. R. and C. T. Ennew, "Can Business Ethics Enhance Corporate Governance? Evidence from a Survey of UK Insurance Executive," *Journal of Business Ethics*, 15, 1996）。またビンセントは自動車賠償責任保険（Vincent, N., "What is at Stake in Taking Responsibility? Lessons from Third-party Property Insurance," *Business & Professional Ethics Journal*, Vol. 20, No. 1, 2001）、ワイマックはエイズ患者の健康保険への加入について述べている（Waymack, M. H., "AIDS, Ethics and Health Insurance," *Business & Professional Ethics Journal*, Vol. 10, No. 3, 1991.）。

25　Cooke, R. A., "Danger Signs of Unethical Behavior: How to Determine If Your Firm Is at Ethical Risk," *Journal of Business Ethics*, 10, 1991. ドレナンらもコーポレートガバナンスとの関係で同様の問題を取り上げている（Drennan, L., M. Beck, and W. Henry, "From Cadbury to Turnbull: Finding a Place for Risk Management," *Journal of Insurance Research and Practice*, Vol. 16, No. 1, 2000）。倫理学者による論稿はこの他にブロジェットとカールソン（Blodgett, M. S. and P. J. Carlson, "Corporate Ethics Codes: A Practical Application of Liability Prevention," *Journal of Business Ethics*, 16, 1997）、カーソン（Carson, T. L., "Self-interest and Business Ethics: Some Lessons of the Recent Corporate Scandals," *Journal of Business Ethics*, 43, 2003）等がある。

26　Sison, A. J. G., "Integrated Risk Management and Global Business Ethics," *Business Ethics: A European Review*, Vol. 9, No. 4, 2000.

　　Francis, R. and A. Armstrong, "Ethics as a Rick Management Strategy: The Australian Experience," *Journal of Business Ethics*, 45, 2003.

　　Drennan, L. T., "Ethics, Governance and Rick Management: Lessons from Mirror Group Newapapers and Barings Bank," *Journal of Business Ethics*, 52, 2004.

27　森宮、前掲書、1994年、p. 15。

28　ペリルとは起こりうる損失の直接的な発生原因をさす概念であり、ハザードとともにリスク類概念に分類される（森宮康『リスク・マネジメント論』千倉書房、1985年、pp. 23-28）。

29　パーソナルハザードの分類方法の詳細については以下を参照のこと。

　　中林真理子『リスクマネジメントと企業倫理—パーソナルハザードをめぐって』千倉書房、2003年、p. 22。

　　なお、本章では紙幅の都合上ジャッジメントハザードには言及しない。

30　企業倫理上の課題事項が発生するプロセスについては以下を参照。

　　Jones, I. W. and M. G. Pollitt, *Understanding How Issue in Business Ethics De-*

velop, Palgrave Macmillan, 2002.

31 企業倫理を推進するための企業内制度としては、まずは各国の法体系を根拠にして成立した既存の株式会社制度の枠組みで株主の権益を擁護するためのいわゆるコーポレート・ガバナンス型アプローチが存在する。これに対し、既存の法体系の妥当性や正統性まで遡って制度構築を検討し利害関係者の権益をふくめ企業経営システムを再検討するコンプライアンス型アプローチと価値共有型アプローチが存在する。最狭義に捉えると後者の2つのアプローチが企業倫理の制度化とよばれるにふさわしい施策である。詳細は以下を参照のこと。

梅津光弘『ビジネスの倫理学』丸善、2002年、pp.128-139。

32 この他の具体例としては、倫理専門部署の設置による管理・運営業務の遂行、企業内教育・訓練の拡充・徹底などが挙げられる。また価値共有型アプローチの具体例として、企業理念、信条、価値基準、行動原則等の策定、倫理専門部署および自主管理組織の設置、企業内教育・訓練、ケース討論などの拡充、企業組織の改編、権限委譲、権限付与、モラル・リエンジニアリングの実施などが挙げられる（梅津、同上書、p.132）。

33 たとえば、Doherty, N. A., *Integrated Risk Management*, McGraw Hill.

第5章

企業における専門職の倫理
―従事者の倫理的自律―

1. はじめに

　高度に進展し複雑化した現代社会において、専門職（profession）はその中枢に必要不可欠な存在となっていることは否定できない。社会・産業が高度に発展すれば、そこに携わる知識・科学技術も必然的にそれに見合う水準が要求され、専門職に対しては、単純にその量・領域の拡大ばかりでなく、質の高度化および多様化が求められる。そしてそれは、専門職が負担すべき責任の拡大をも意味する。

　しかし、専門的見地から意思決定を行ない職務を遂行することと、所属組織体の要求との間に相反ないし矛盾・対立（以下、それらを葛藤とする）が生ずる可能性は否定できない。とりわけ、経済性・効率性を重視せざるをえない企業に雇用される専門職は、深刻な課題と直面する可能性をもつ。すなわち、専門職における専門的意思決定の正当性根拠、さらには企業との関係が問われるのである。

　本章では、専門職の概念を整理し、専門的意思決定の正当性根拠を専門職倫理に求め、その内実・必要性を検討する。そして、現代日本における専門職倫理の重要性を示唆する事例として、公的介護保険制度（以下、単に介護保険制度という）の下で介護ビジネス[1]に所属する介護支援専門員（care manager；ケアマネジャー）の有する課題を示し、企業に雇用される専門職

の葛藤、さらに専門職倫理と企業倫理との関係について考察する。

2. 専門職の概念

「専門職」という語を使用する際、その周辺には、類似した概念ならびに用語の存在があり混乱が生ずる場合が多い。その理由として、専門職研究における定義の多様性、労働者に関する研究と比較しての専門職研究の少なさ、さらに、時代にともなう専門職の変容、すなわち就業形態の変化や、専門職務のさらなる専門分化、ならびに専門職の周辺またはその境界線上にある職業の専門職化現象等による新たな職業の出現とその位置づけ等の問題がある。

専門職の概念は、イギリスおよびアメリカ社会で形成された"profession"の概念を前提とすることは周知されている。伝統的な専門職とは、古典的専門職または知的（learned）専門職と称される3つの職種、すなわち、聖職者、医師、弁護士をさす。それらは、"established profession"（確立された専門職）ともいわれ、独立した（非雇用の）形態で契約を通してその専門的行為の対象（以下、単に対象という）と個別的に対応し、職業というよりむしろ高い社会的地位の表明[2]であったといわれる。その後、社会・産業の発展とともに専門職は職業、すなわち生業として認知され、いずれの専門職も他の仕事と同様に職業選択の対象とみなされるようになってきたため、職業（occupation）一般の枠組みのなかで研究が展開される。

1950～1960年代の欧米における専門職研究において、その定義の多様性は多くの研究者により指摘[3]されているが（図表5-1を参照）、カー・サウンダースとウィルソン（Carr-Saunders, A.M. and P.A. Wilson）等の研究に代表されるように、専門職の役割や機能について、非専門職と区別する特徴的要素を概念の構成要素として提示するものが中心的である[4]。すなわち、専門職の概念を、

(1) 長期的な訓練・教育を通じ、高度に体系化・理論化された知識・技術（rational body of knowledge）の修得
(2) 職業団体の構成員における国家または団体による資格認定の必要性

図表5-1　プロフェッション定義

	理論的知識に基づく技術	教育訓練	能力がテストされる	組織化	行為の綱領	愛他的サービス	他人の事柄への応用	不可欠な公共サービス	ライセンスを通じてのコミュニティサンクション	明確な専門職クライアント関係	信託されたクライアント関係	公平なサービス	同業者への忠誠	明確な報酬	※範囲が明確	※自律	※標準化されない仕事	※地位の公的認識
Bowen	×		×	×	×													
Carr-Saunders & Wilson	×	×	×		×								×					
Christie			×		×	×												
Cogan	×					×	×											
Crew			×	×	×		×											
Drinker	×				×						×	×						
Flexner	×				×	×												
Greenwood	×	×						×										
Howitt			×	×						×								
Kaye	×																	
Leigh	×	×																
Lewis & Maude			×	×	×						×							
Marshall				×	×													
Milne	×			×	×	×												
Parsons				×				×	×									
Ross	×			×	×	×						×						
Simon		×	×															
Tawney				×	×													
Webbs						×						×	×					
Wickenden	×	×	×	×														
※L. D. Brandeis (1914)	×	×			×													
※J. G. Darley & C. G. Wrenn (1947)	×	×	×	×		×												
※P. Wright (1951)	×	×			×											×	×	×
※E. Meigh (1952)	×	×																
※M. Libermann (1956)	×	×													×	×		
※C. Cross (1950)	×		×		×							×					×	
※P. Donham (1962)	×	×	×		×													
※B. Berber (1963)	×		×		×								×		×			

出所：竹内洋「専門職の社会学」『ソシオロジ』第16巻第3号、1971年、p.48。

注　：Millerson, G. の行った分類（*The Qualifying Associations*, London Routlege & K. Paul, 1964）に竹内洋が付加（※印箇所）したものである。

(3) 職業団体自体の組織化と組織維持のため、構成員における一定の行為規範（倫理綱領等）の保持
(4) 職務遂行の際、営利を目的とするのではなく利他主義（altruism）的動機を優先し公益の推進を目的とすることの必要性
(5) 高度の知識・技術を占有し、それに基づく公益志向の結果としての高度の自律性（autonomy）や社会的権限の付与

とするものである。

その後、専門職の概念は、旧来から継承されるものとは必ずしも一致しなくなってきていることが多くの研究者により指摘されている。それは、経済・科学・技術等の高度発展を背景に、外的要因および内的要因により専門職概念に変容が生じてきたためである。外的要因は、専門職を囲む社会環境の変化にともない、専門職が職務を遂行する事業形態の変化に起因する。独立個人就業形態（以下、そのもとで就業する専門職を独立専門職という）から集団就業形態を経て、大規模化・永続化を目的とする事業形態への移行にともない、組織体に雇用される就業形態の専門職（以下、組織内専門職という）が著しく増加してきたのである。また、内的要因は、社会の高度発展により専門的知識・技術に対する社会的需要が拡大されたことと関連し、専門職内部における質的多様化の要請に起因する。具体的には、専門的職務の専門分化（specialization）の進展であり、それにともなう新たな専門的職業の派生、また、専門職として確立途上あるいは専門職との境界線上にある職業（emerging or marginal profession）[5]（以下、新興専門職とする）が専門職に接近し専門職としての地位を得ようとする動向（professionalization）である。とくに技術系の応用分野においてこの現象は顕著であるといわれる。ヘンリー（Henry, N.）は「行政管理」の主題のもとで「『専門職業化』〔専門職化（＝引用者挿入）〕によって意味されるのは、ある集団のメンバーが保持する、一般に共有され、且つ認識されている知識と専門的意見の中核の進展である」[6]と述べている。古川安によれば、こうした専門分化の傾向は19世紀から顕著に現れており、この時代の相次ぐ専門的学会の創設はこれを反映

しているという[7]。

時井聰は、わが国における専門職概念に関する規定を以下のように分類する[8]である。

(1) 確立された専門職分析概念を継承する見解
(2) 上記概念の内より中核的特質要素を析出し再規定する見解
    ① 愛他的倫理および集合サービス志向を排除する立場
    ② 愛他的倫理および集合サービス志向の内実としての意味の転換を考慮する立場
    ③ ヒューマン・サービス・イデオロギー的志向を基本とする立場

このうち、(2)の見解については「顧客と直接的な接触機会のほとんどない基礎的研究者（いわゆる知的・学問的研究職、learned profession）について、顧客との関係の不明確さなどの修正を加味する見解といえる。また修正をうけた専門職概念は、専門職従事者の活動・機能が、その保持する体系的・理論的知識に基づくことにより人類社会に多大な影響を及ぼすことを理由に、専門職に要請される職業倫理（専門職の中心的特質と考える）の捉え方の相違により3種のタイプに分派する」[9]と説明する。

このように専門職概念における最も基本的な要件の相違の出現、すなわち専門職の概念に倫理（ethics）を必要とするか否かという議論が生ずることについては、各研究者が想定する職業の性格が異なるために生ずるものと考えられる。これは、当該時代において量的に一定の比率を占めている職業を専門職の研究対象として選定するのが一般的である[10]ことが理由に挙げられ、専門職概念の一般化・総合化は困難を要するであろう。しかし、専門職研究は、単に、それまで有効とされた概念を真っ向から否定し限界を指摘するものではなく、新たな分析視点の必要性を与え、拡大される専門職の責任についての再認識の不可欠性を示唆するものと思われる。

本章では専門職を専門的職業として捉え、その範囲は、伝統的専門職に加え、新興専門職をもふくむこととする。ただし、①専門性を行使する対象を社会とすること、②公益志向性を理念として有すること――を必須条件とす

る。すなわち、高度の専門性を保持していても、特定個人を対象とした（限定された）利益に貢献するものはふくめない。また、ある職業を専門職とみなしても、同一職業内の各個人における専門性の度合いについて差異があることを認め、当該職業の専門的職業従事者すべてを専門職とはみなさない。

3. 専門職と倫理

　通常、「行為」を実行する際の判断は、①行為の本質、②具体的状況、③行為に至る動機——を詳細に把握し決定されなければならない。専門職においても同様に、行為の本来的意味・目的・対象を正しく把握し、専門的考慮に基づき意思決定を行ない、専門的知識・技術をもって実行されなければならない。

　その際、専門職が他の職業と決定的に異なる点は、例外的特殊権限が付与され、それが容認されていることである。例外的特殊権限とは、当該職務遂行にあたり、一定の資格要件等を充足する特定個人（本書では専門的職業従事者とする＝専門職）に対してのみ、一般的には不可侵とされる領域への侵入を可能とするもの、または「制度化された逸脱行為」[11]と理解する[12]。そして、例外的特殊権限の行使には、必然的に権威（authority）ならびに影響力（influence）がともなうため、社会に対して、当然、行為を正当化（justify）する根拠を必要とする。行為の正当性は、公正の基準が法律・社会通念において所与としたうえで、ある行為を公正か否かと決定しうるものであることから、正当性の根拠は倫理に裏づけされていなければならないのである。すなわち、専門職は科学（science）・技術（art）における高度な専門性と、行為を正当化しうる厳格な倫理を体得し、公益的志向に基づき活動を行なうことを社会から信頼・承認されているがゆえに、例外的特殊権限が容認されるということに他ならない。

3-1. 専門職の倫理とその内実

　一般に、行為には結果責任が問われ、行為対象に対しては応答責任・説明

責任が発生する。責任に関して、ウェーバー（Weber, M.）は、自己の価値の絶対性のみを尊重するため、客観的意味の存在を前提とする人間像、および自己の分別を欠く決断に専心する決断主義（者）の有する「心情倫理」（Gesinnungsethik）とは異なる「責任倫理」（Verantwortungsethik）を提唱する[13]。すなわち、自らが倫理的であると信ずる行為と他者に対する行為との間には、不可避である二重性が存在することを前提として、現実的な繋がりにおいて予見し得る結果に対しては、その行為に対する責任を果たす、という倫理的あり方を「責任倫理」とする。

片岡寛光は、任務から生ずるであろう正および負の効果を予測して最適判断を選択する際、理性、知識ならびに情報に関する問題は責任倫理によって果たされるとはするが、「任務責任」[14]の本来的意義である期待の実現は、自己の私的動機の抑制や期待の実現に相応するものへの昇華という手段に関して、心情倫理も無関係ではないことを述べている[15]。すなわち、心情倫理と責任倫理とを同一であるものの2つの異なる側面として捉えているのである。そして、ある一定の規範に準拠して行なわれ、期待可能性が求められる任務責任、さらに行為責任には、その規範に対する準拠が義務として現れるとき、そこに義務としての責任があり、義務を果たすことは不確実性の吸収であると責任の意義を述べている。

専門職の職務遂行には、例外的特殊権限、ならびに権威、影響力が必然的に付与されていることを考えれば、一般の行為に対する責任よりも大きな負担が義務づけられる。それは専門職の行為による影響が重大で広範囲に及ぶ可能性が否定できないからである。とりわけ、非公益的指向行為の結果が社会に与える影響は深刻な被害となって現れることは明白である。そのため、行為の準拠規範、すなわち専門職における倫理（以下、専門職倫理という）は不可欠であり、それが専門職の意思決定や行為を正当化する根拠となるのである。

ウィットベック（Whitobeck, C.）は、専門職に課せられる倫理的要請には、「他者の福利の何らかの一面に対する責任と、その福利を増進するにあ

たって統合しなければならない知識と情報の複雑さとが結びついているというきわだった特徴がある」[16]と述べている。また、ハリス（Harris, C. E. Jr.）は、責任を負うべき行為に対する阻害要因として、①自己利益（self-interest）、②恐れ（fear）、③自己欺瞞（self-deception）、④無知（ignorance）、⑤自己中心性向（egocentric tendencies）、⑥顕微鏡的視野（microscopic vision）、⑦（権威の）無批判な受容（uncritical acceptance）、⑧集団的思考（groupthink）[17]を挙げている。これらの阻害要因がいずれも専門職自身の内的要因であることは特徴的である。

3-2. 専門職団体

専門職には、専門職としての要件を取得、維持、さらには推進するために、独立専門職はもとより被雇用専門職にも、多くは組織体の外部にその境界を超え横断的に組織される専門職団体（professional association）の存在が認められる。

専門職団体の機能は、外部に対しては、その専門職の存在・承認を仰ぐ主張、さらに社会的地位の維持・向上を図る手段の公表であると同時に、内部にあっては、当該専門職の養成、資格取得のための教育、資格付与、そして、同一専門職である構成員に対して社会的使命・責任の自覚とその目的達成のための自己訓練を促し、専門職としての意思決定・行為に一定の規律を与え、場合によっては懲戒に関与するものである。

ミラーソン（Millerson, G.）は専門職団体の機能を、直接的な目標となりうる一次的機能と、間接的な目標となり得る二次的機能とに分類し列挙している[18]。すなわち、一次的機能には、

(1) 組織化（organize）
(2) 資格付与（qualify）（ただし、すべての団体が資格付与を目的としているのではない）
(3) ある主題の学習を推進し、そこから得られた情報の伝達（further study of a subject and communicate information obtained）

(4) 有能な専門職の登録（register competent professionals）

(5) 専門職行為における高い基準の促進と維持（promote and preserve a high standard of professional conduct）（倫理綱領の真の必要性は、専門職の課せられた仕事に依存する。大規模な組織より個人として活動するところ、また、生活や財産と直接かかわっているところでは、公式の倫理綱領が有用であり、本質でもある）

があり、一次的機能により派生する二次的機能には、

(1) 専門職の地位の向上（raise professional status）（専門職の地位の向上が、多くの専門職団体における中心的目標であるとするのは誤りである。地位の向上は一次的目的の結果であるにすぎない）

(2) 専門職参入規制（control entry to the profession）

(3) 専門職と公衆の保護（protect the profession and the public）

(4) 会員のための利益集団もしくは圧力団体としての活動（act as an interest, or pressure group, on behalf members）

(5) 社会的活動ならびに専門職間の協力の促進（encourage social activity and co-operation between professionals）

(6) 福利厚生の供給（provide welfare benefits）

と示している。さらに、専門職団体をその性格により、

(1) 特権団体（the prestige association）
　　排他的特権団体（the exclusive prestige association）
　　非選択的特権団体（the non-selective prestige association）

(2) 学術団体（the study association）

(3) 資格付与団体（the qualifying association）

(4) 職業団体（the occupational association）
　　協調団体（the co-ordinating association）
　　保護団体（the protective association）

と大別して4つの類型が存在することを提示している[19]。

また、山田礼子は、グード（Goode, W.）によるアメリカにおける専門職

団体の説明を引用している。それは「専門職業団体が組織化され、かつプロフェッション教育の内容および専門職業への参入資格の認定の規制は、専門職は自己規制的共同体ということに換言できる」(圏点は山口挿入)である。この「自己規制的共同体」については「通常、それは州の援助を得て、新しい成員を教育・訓練し専門職業への参入を認可する独占的権限を保持する。その専門性を保持しその質を維持するために、外部の干渉をうけず、自らの基準を認定し、その基準に沿って実践する。共同体の成員自らが職務履行に判断を下す権限を留保し、外部の介入を認めない。共同体自らのみが、成員の資格剥奪、処罰を決定しうる権限をもっている。したがって倫理綱領を有すること、そして利潤非追求に根ざした利他主義と公益性がその共同体の拠り所であり、目的である」[20]と説明している。これは、ディジョージ(De-George, R.T.)の指摘とも関連するが(次項を参照)、社会に対し専門職団体が有する自律性を承認たらしめるものであり、専門職団体は非専門職団体が課している以上に高度の水準の規制を自らが課している(課すべきである)ことに依拠する。

3-3. 専門職の倫理的自律

　前項では、専門職団体の機能、性格を明らかにした。以下は、それに基づき、さらに専門職の倫理的自律を解明するため、専門職団体が有する具象的特徴である組織による資格付与の権限ならびに教育訓練、そして倫理的自己規制についてそれぞれ検討する。

　第1の特徴について、諸外国ではミラーソン(Millerson, G.)の分類にみられるような資格付与の権限は、その専門分野の専門職団体が有するのが一般的であるとされるが、専門職の歴史の浅い国および厳しい自主規制を求められる職種等においてはほとんどが国家の主導によって資格付与がなされている。わが国では国の法律に基づいて、国あるいは国から委託をうけた組織体が個人の能力・知識を試験により判定し、特定の職業を営む(または職務を行使する)資格を与える、いわゆる国家資格として制度化されている。石

村善助によれば、日本における専門職問題の基本的特徴は、ほとんどの専門職が国家試験制度のもとに置かれていることであるという。また、専門職団体による教育訓練は、資格獲得のための準備教育の実施もさることながら、資格獲得後の教育訓練による知識・技術の維持・向上を図る目的をもつことも認められる。これは専門職における社会的責任ともかかわるため、専門職団体自身の責任も問われるのである。

　第2の特徴に関連した事項として専門職倫理の採択・保持と懲戒がある。通常、専門職における倫理的行為規範は各専門職団体内に倫理綱領（行動憲章）として集約され、専門職に共通の目的・行為基準・倫理的自己規制を明確に提示する。その機能についてハリスは、「第1に、専門職の規定は、専門職の行動のための共通かつ合意された基準を提供する。そのような基準の存在は、専門職と公衆の双方に便益を与える〔中略〕。第2に、専門職倫理規定は、専門職がどのように改善されるべきかについての議論をするための視点を提供する〔中略〕。第3に、専門職倫理規定は、他人から規定に違反するよう強制されたときでさえも、専門職が専門職基準を厳守することが正当であるという倫理的な根拠を提供する」[21]と述べている。すなわち、第1は、専門職団体と社会との良好な関係の維持に機能すること、第2は、専門職自身の倫理的行動に有益であること、そして第3は、倫理的問題の発生の事前防止に有効であることに相当する。

　ディジョージは、専門職に対し自律を認めるべきだとする議論は、①専門職が修得した知識は、特殊的でかつ社会に有益である、②専門職が自ら課す基準は、社会が一般市民や非熟練労働者、ビジネスの世界の人々などに対して求める基準以上に厳しいものであることを前提とするものであるが、現実には、行動基準としての綱領は、単に、専門職であることの証明、新規加入者に対する宣誓、めざすべき理想の宣言、最低基準の列記、礼儀規定等、である場合が多いことを指摘し、専門職における自律の正当性を主張するのであるなら、以下の特徴を備えた綱領でなくてはならないと述べる[22]。すなわち、

(1) 規範的なものでなければならない（一般に公開されており、かつ他の規範より高次のものであると認められるものでなければならない）
(2) 公益を保護するとともに、その専門職のサービスをうける人びとの利益を保護するものでなければならない
(3) 自己利益中心的なものであってはならない
(4) 体系的かつ誠実なものでなければならない
(5) 強制力をもち、かつ実際にその効力が発揮されるものでなければならない（告発規定、罰則規定等）

などがそれである。

「専門職団体の倫理綱領や方針に定められている規定は、その専門職に従事する個人に託される信頼を満たす際、何が必要であり何が重要であるかを示すものである限り、正当化される」[23]ことを考慮すれば、倫理綱領の作成は慎重に行なわなければならない。ただし、定められる規範は、通常、各種専門職（団体）の専門的見地により倫理綱領として制定されることから、当該要件に際して、各種専門職（団体）間に理解・見解の相違を契機として、その内容にも相違が生ずる可能性があることには注意を要する。倫理綱領は専門職が遵守すべき倫理規範を最大限に提示するが（するべきであるが）、制定し周知させることで完結するのでなく、構成員の内面に倫理を定着させようとする最大限の努力である。

一方、専門職団体は、構成員における行為の「逸脱」に対して懲戒を発する権限を有する。専門職の逸脱行為は外部に漏洩しにくいこと、さらに逸脱が判明しても外部にはその内容が把握されにくい、という特徴をもつことから、団体の内部においては客観的・科学的である厳しい批判や評価の実現を可能にする行為規範をもつことが望まれる。それは、逸脱が確認されるとその行為を追及し、場合によっては懲戒にも至らしめるものである。さらに、職域の確立ならびに独占に関し、法令の周辺に存在する無資格活動に対する処置の問題も併せもつ。専門職団体が、非専門職による専門職類似行為を排除・禁止する行動は、専門職の社会的地位ならびに信頼が失墜することへの

防衛からだけでなく、専門職の行為が社会により容認されうる例外的特殊権限の遂行に対する責任である（現行法令遵守が義務づけられた行為の違反に関しては、その限りでない）。いわゆる「専門職の自律性」（＝専門職自治、またはグードのいう「自己規制的共同体」化）はこれを根拠とする。石村善助によれば「おそらくどのような職業にもその職業をおこなうにつき守るべしとされる倫理、いわゆる職業倫理が存在しているであろうが、プロフェッションの場合には、それを違反した人たちに対して、自主的に処罰がなされる点にその特色が存在している」[24]ということである。そして、その行為規範は倫理（専門職共通価値理念）が基盤に置かれたものであり、多くは倫理綱領として構成員に対して公表され共有されるのである。

これらのことは、専門職団体おいて厳しい倫理的行為規範が採択され、尊重・遵守されているという事実を社会に示すことにより、団体には、資格付与・懲戒等をふくめ、完全なる自律性が認められてきたこと（あるいは認めるべきであるとすること）を証明するものに他ならないのである（ただし、現実には専門職団体における自治権は絶対的なものではない。国家により保護・管轄された範囲においてのみ、非専門職集団等からの干渉をうけずに自律することが可能である）。さらに、それは独立専門職ならびに組織内専門職のいずれにおいても、専門職個人の職務遂行における自律の実現を意味する。すなわち、所属専門職団体の規制のもとに社会からの信頼が確保され自律が認められるのである。

4. 企業内専門職

専門職を、雇用主体の存在の有無で分類すれば独立専門職と組織内専門職と2つに区別される。さらに組織内専門職は、その雇用主体の性格により、行政機関の専門職（官公庁職員の地位を有する専門職）、非政府・非営利組織の専門職（非政府・非営利組織内専門職）、ならびに企業[25]の専門職などを列挙することができる。以下では、とりわけ企業に雇用される専門的職業従事者を企業内専門職として扱うこととするが、既述したようにその範囲は、

近年における専門的職務のさらなる細分化の進展により専門的職業と理解することが妥当となった職業をも許容する。ただし、①専門性を行使する対象を社会とすること、②公益志向性を理念として有すること、という条件を満たすものに限り「企業内専門職」とみなす。近年、わが国の人事管理において頻繁に用いられる「総合職」・「一般職」に対するものとしての「専門職」とは異なることに注意を要する。

4-1. 企業内専門職の特性：行為・責任の方向性に関する独立専門職との相違

　企業内専門職の本来的任務は、他の専門職と変わるところはない。しかし、所属する組織体が営利を目的とするため、他の各種組織体とはその構造的・機能的側面において相違があり、その下での専門職には独自の課題が存在する。本項では、企業内専門職の性格をより明確化するために、独立専門職との相違を確認する。その際、①専門職行為の方向性、②専門職行為に付随す

●図表 5-2　専門職の行為・責任の方向性

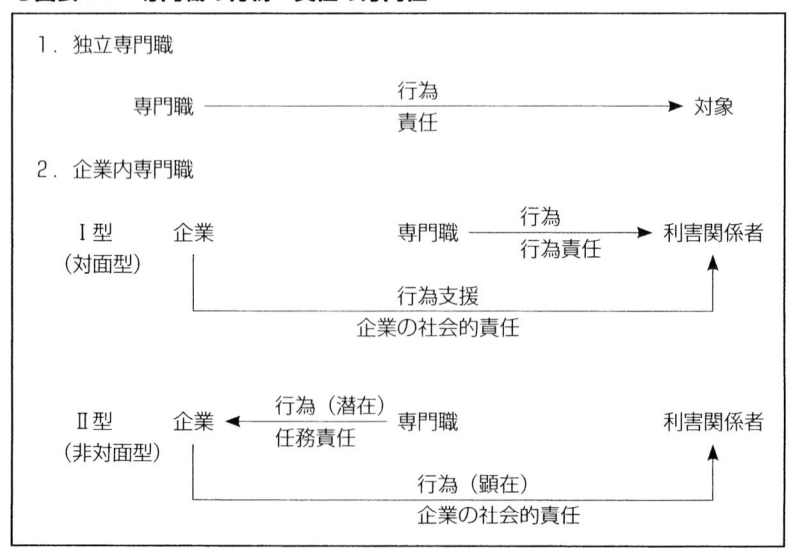

```
1. 独立専門職

    専門職 ──── 行為 ────→ 対象
              責任

2. 企業内専門職

  Ⅰ型      企業        専門職 ── 行為 ──→ 利害関係者
  (対面型)    │                 行為責任
            │       行為支援
            └──────────────
              企業の社会的責任

  Ⅱ型      企業 ←── 行為(潜在) ── 専門職        利害関係者
  (非対面型)  │      任務責任
            │           行為(顕在)
            └──────────────────────→
              企業の社会的責任
```

る責任の方向性に焦点を絞り検討する（図表5-2を参照）。

　まず、行為の方向性についてみる。独立専門職の行為の方向性は極めて単純であり明解である。すなわち、対象に対して直接的に作用する。それに対し企業内専門職の場合は2形態が見出せる。I型は主に対面型の専門職種に相当する。これは、独立専門職と同様に、専門職の行為が直接的に企業の利害関係者に作用し、その行為（意思決定もふくむ）に基づき、企業は有形・無形の関連財・関連サービスを供給する型である。そして、II型は主に非対面型の専門職種に相当する。これは、専門職の行為が一次的には企業に帰属し（この時点で当該行為の多くは潜在的である）、その後、企業として利害関係者に作用する（この時点で行為は顕在化する）型である。

　次に専門職行為に付随する責任の方向性についてみる。独立専門職の場合、行為の方向性と同様に、対象に対する行為に直接的に発生し極めて明解である。すなわち単一方向にのみ責任が発現し、したがって、対象に対しては当該専門職個人が全責任を負担しなくてはならない。それゆえ、伝統的に、専門職には倫理がその必須要件とされ重んじられてきたのである。他方、企業内専門職においては、利害関係者に対する行為責任の発生と同時に、所属企業に対して任務責任が発生する。そして企業も利害関係者に対し、従業員でもある専門職の行為が企業の責任として発生するのである。これは利害関係者に対する企業の社会的責任の一形態でもあると理解する。

4-2. 専門職と企業との間の葛藤：「忠誠」概念の考察

　企業内専門職の行為・責任の方向性を、独立専門職との相違および企業とのかかわりのなかで検討した。しかし、方向性が明確になっても、現実には、その内容において専門職と企業の意向が必ずしも合致しているとは限らない。専門職とその所属企業との関係において、葛藤が生ずる可能性のある領域は、①理解・疎通、②価値判断、③責務の3点に集約されるであろう。第1について、企業における最終的総括的意思決定者は、通常、非専門職である場合が多く、専門部門における意思決定または課題事項の捉え方に対し、その理

解に困難が生ずる可能性がある。第2は専門職の価値判断と企業の価値判断の相違であり、最も蓋然性が高く深刻な問題へと発展する可能性を有する。企業は、利益の創出を目的として経済活動を営む組織体として存立している。そのため、専門職に対して、経済性・効率性を重視した企業経営の基準・方針等に従業員として従うことを望むのであり、他方、専門職は専門分野においては権限委譲をうけ、経済性・効率性よりはむしろ専門職としての価値判断を優先させて目的を達成することを望むのである[26]。そして第3は、専門職の職務遂行に対し発生する行為責任と、従業員として所属企業に対し発生する任務責任と双方に責任および義務を有するために生ずる葛藤である。上記、第2、第3の領域は、専門職ならびに企業の倫理規範とかかわり、そこに「忠誠（心）」(loyalty)（あるいは「忠実義務」）と、従業員の権利にかかわる疑義が生ずる。

　専門職が職務を遂行する際の権利を筆者は「特殊資格・要件にもとづく権利」として整理した（図表5-3を参照）。

　これは、企業内専門職が専門職倫理に準拠することを正当性根拠として、職務遂行を主張する権利であることを示す。ここで問題となるのは、専門職がその権利を行使するにあたり、それを阻止・妨害する企業の決定あるいは

●図表5-3　従業員の権利と企業の倫理的課題[27]

＜従業員の権利＞	＜企業の倫理的課題事項＞
①安全の権利	労働災害、職業病、メンタルヘルス障害、過労死
②平等の権利	雇用差別（国籍・人種・性別・年齢・宗教・障害者・特定疾患患者など）
③個人の生活を守る権利	プライバシー侵害
④人格権	セクシャル・ハラスメント、身分上のリスクの不告知（不当解雇・撤退・倒産などに関して事前に知らされる権利に対する侵害）
⑤特殊資格・要件にもとづく権利	専門職倫理侵害（専門職の意思決定・行為が尊重される権利に対する侵害）

出所：山口厚江「企業倫理」作新学院大学経営学研究グループ『経営学―企業と経営の理論―』白桃書房、2003年、p.81を一部変更。

行為に対する企業倫理の位置づけである。企業という組織体の権限構造、すなわち最終的判断における責任の所在を考慮すると、企業の最終的総括的意思決定は、専門職の専門的領域の意思決定にまで影響が及ぶ可能性がある。これについてディジョージは「企業の責任に関するわれわれの議論〔＝企業倫理に関する議論（引用者挿入）〕は、専門職に対しても有効に適用可能である」[28]と述べており、中村瑞穂は、「企業倫理の課題事項」において、従業員に関する項目のなかに「専門職倫理侵害」を挙げている（図表5-4を参照）。

　専門職が自らの倫理規範に準拠した意思決定やそれを具現した行為と、企

● 図表5-4　企業倫理の課題事項：関係領域と価値理念

＜関係領域＞	＜価値理念＞	＜課題事項＞
①競争関係	公正	カルテル、入札談合、取引先制限、市場分割、差別対価、差別取扱、不当廉売、知的財産権侵害、企業秘密侵害、贈収賄、不正割戻、など。
②消費者関係	誠実	有害商品、欠陥商品、虚偽・誇大広告、悪徳商法、個人情報漏洩、など。
③投資家関係	公平	内部者取引、利益供与、利益保証、虚偽、損失補填、作為的市場形成、相場操縦、粉飾決算、など。
④従業員関係	尊厳	労働災害、職業病、メンタルヘルス障害、過労死、雇用差別（国籍・人種・性別・年齢・宗教・障害者・特定疾病患者）、専門職倫理侵害、プライバシー侵害、セクシャル・ハラスメント、など。
⑤地域社会関係	共生	産業災害（火災・爆発・有害物漏洩）、産業公害（排気・排水・騒音・電波・温熱）、産業廃棄物不法処理、不当工場閉鎖、計画倒産、など。
⑥政府関係	厳正	脱税、贈収賄、不正政治献金、報告義務違反、虚偽報告、検査妨害、捜査妨害、など。
⑦国際関係	協調	租税回避、ソーシャルダンピング、不正資金洗浄、多国籍企業の問題行動（贈収賄、劣悪労働条件、公害防止設備不備、利益送還、政治介入、文化破壊）、など。
⑧地球環境関係	最小負荷	環境汚染、自然破壊、など。

出所：中村瑞穂「ビジネス・エシックスと公益」日本公益学会『公益学研究』Vol.1、No.1、2001年、p.6。

業の最終的総括的意思決定との間に葛藤が生じた場合、この課題事項（＝「自己の良心に対してより大きな忠誠心をもっている場合に生じる困難な課題」[29]）は、企業の視点からは従業員に期待する「忠誠」に反する問題として認識される可能性がある。企業が従業員（専門職従事者もふくむ）の企業に対する忠誠を期待し求めることに関しては、多くの企業において倫理綱領にも記載され必ずしも不当ではない。そうであるならば、企業の専門職従事者は、所属する企業の倫理規範と専門職自らの倫理規範と二重に忠誠を求められていることになる。

ハリス（Harris, C.E. Jr.）は、忠誠という要求を所属組織体により乱用される危惧を述べたうえで、責任感ある専門職における忠誠の概念、とりわけ「無批判的忠誠」(uncritical loyalty) と「批判的忠誠」(critical loyalty) の区別を明確に理解することの必要性を述べる[30]。無批判的忠誠とは、企業の利益を、他のいかなる考慮事項より優先させるとともにその利益を企業が定義した通りのものに限定することであり、サイモン（Simon, H.）の『管理行動』(*Administrative Behavior*, 1947) における従業員を例示している。一方、批判的忠誠とは、従業員の個人的または専門職としての倫理の制約の範囲内で、企業の利害関係者に可能な限り正当な配慮を行なうことと定義している。そして、この批判的忠誠という概念を、双方の要求事項を尊重しようとする「創造的な第3の解決法」(a creative middle way) として位置づける。すなわち、専門職は企業に忠誠を尽くすべきであるが、個人的または専門職としての基本的責務に違反しない範囲内で忠実な従業員であるべきである、とするのである。

企業内専門職の忠誠に関し検討されているものの多くは、自己の専門職倫理に対する忠誠と所属企業に対する忠誠の優先順位をその主題としているなかで、ハーシュマン（Hirscman, A.O.）は組織社会における人間行動を解明する概念として、構成員が組織体を離れていく「離脱」(exit)、ならびに組織内で広く訴えかけることにより不合理を表明する「発言」(voice) を提示し、状況におけるそれらの適否ではなく、両者の関係概念として「忠誠」を

導入しその含意および機構を示す[31]。それは「取り返しのつく過失」（repairable lapses）に関し、それを回復へと転換させる機序に、一般的ではあるが非公式的方法である離脱に対する障壁として、忠誠の有効性を示唆する（上記ハリスの提唱した「批判的忠誠」よりもやや積極性が含意され、短期的視野ではないと理解する）。具体的には、即離脱という決定の可能性を弱め、まだ期待があるがゆえの発言を活性化させる機能を忠誠とし、それが機能する条件を、①発言の効果的使用に多大な社会的創意が要請され、一方、離脱は一種の有用性はあるが全面的に効果的ではない場合、②代替可能な選択肢が身近にある場合、③高品質・高価格の製品が「身近で」利用できる場合とする。すなわち、対象とする組織体において、合理的期待が可能であることを前提に忠誠の有効性を提示する。ゆえに、「最も非合理に見えるときこそ最も機能する」と捉えるのである。さらに、量的に忠誠の必要性を見れば、「質、威勢、あるいは望ましい特徴等、単一尺度に沿って組織が順位づけできた場合、その尺度の下位を占める組織は、上位の組織よりもはるかに忠誠、そして凝集力をもたらすイデオロギーを必要とする」[32]と述べている。

4-3. 日本における事例：介護支援専門員とその所属事業所

「官から民」へと日本社会の構造に転換が求められる近年、従来、国により主導されてきた社会福祉の分野では、介護保険制度において、その運営主体に先駆的に営利法人の参入が認可された。本項では、介護保険制度に併せて創設された介護支援専門員（care manager；ケアマネジャー）を専門職として取り上げ、専門職とその所属事業所（主に企業）との間の課題、さらに専門職倫理の必要性を検討する。

介護支援専門員は、介護保険制度（2000年4月施行）の導入に合わせて創設された資格を必要とする職務であり、保健・医療・福祉における総合的知識・技術・経験を必要とする専門的職業として期待されている。厚生省令によれば「要介護者又は要支援者からの相談に応じ、および要介護者又は要支

援者がその心身の状況等に応じ適切な居宅サービス又は施設サービスを利用できるよう市町村、居宅サービス事業を行なう者、介護保険施設等との連絡調整等を行なう者であって、業務従事期間要件該当者について都道府県知事又はその指定した者が行なう介護支援専門員実務研修受講試験に合格し、かつ、都道府県知事又はその指定した者が行なう介護支援専門員実務研修を修了し、当該都道府県知事又はその指定した者から当該介護支援専門員実務研修を修了した旨の証明書（以下「修了証明書」という）の交付をうけたもの」[33]と規定される。この職業は、①資格取得要件として特定の既得資格または業務実績、さらに当該業務従事期間が要求されること[34]、②原則的には介護支援に携わる事業所等に所属しなければならない。③所属事業所等の運営主体に営利法人が参入していること、という特殊性をもつ。すなわち、保健・医療・福祉分野において一定期間以上、専門職および新興専門職とされる職業に従事してきた者が、介護支援専門員の資格取得要件該当者となり、資格取得後、都道府県の指定をうけた営利法人（以下、介護ビジネス[35]という）をもふくむ居宅介護支援事業等に雇用され職務遂行が可能となるのである。

　当初から、「社会福祉の運営」主体として営利法人参入の適否、そして、介護支援専門員がとりわけ介護ビジネスに所属することに関しては、公正性・中立性の確保が憂慮され大きな課題であった。厚生省は、介護保険制度施行の前年である1999年に「居宅介護支援事業者等の事業の公正中立な実施について」[36]において、いずれの組織体も、同系列の主体による利用者の獲得および需要の誘発行為の禁止、また、介護支援専門員の職務遂行にあたり、所属組織体から独立し、公正・中立な立場の遵守等を強調する通達をしている。

　しかし、2005年6月の介護保険法改正[37]において、現実には、必ずしも独立性・公正性・中立性に基づき職務が遂行されていなかったと推量される改変が行なわれた。それは、介護支援専門員のかかわる業務に対する苦情件数が高比率であることや、介護支援専門員が自己の所属する事業所の併設サー

ビス事業所にサービスを委託する傾向がある、などの指摘に基づき、それまで介護支援専門員の業務であった「要介護等認定」業務ならびに「申請代行」業務が市町村へ移管されたのである。

　この事実は介護支援専門員に限定された問題ではなく、介護ビジネス等、介護支援専門員の雇用主体における倫理的課題事項でもあり、制度の構造的側面をより考究すべきことをも暗示している。しかし、結果として介護支援専門員の専門職としての信頼と専門性を低下させる要因となりうるのである。介護支援専門員は、保健・医療・福祉における専門性と「制度的専門性」に立脚することから、二重に倫理規範の必要性が求められる。そして、その倫理は職務に関する倫理であるとともに、組織との関係においても担保されなければならない。すなわち、介護ビジネスにおける社会的責任遂行の際、重要となるのは介護支援専門員の専門職倫理と所属事業所の企業倫理であると考える。

　一方、介護支援専門員の関係団体としては、2001年に日本ケアマネジメント学会、2003年に全国介護支援専門員連絡協議会が設立され各都道府県においてケアマネジャー協会が順次設立された。そして、2005年11月には個人加入の職能団体（＝専門職団体）として「日本介護支援専門員協会」が設立された。その後、同協会は介護支援専門員のための独自の倫理綱領の作成に取り組み、2006年2月にはそれを公表し3月に採択した。これに基づく専門職としての重い責任の自覚と普及が早急に求められる[38]。

　図表5-5は、ベジリンド（Vesilind, P. A.）による、企業に雇用される専門職技術者の倫理水準の発達段階を表の形で示したものであるが、技術者に限らず専門職全般に妥当すると思われるため専門職全般を考慮に入れ提示する。

　レベル1では、専門職としての自覚は未発達の状態である。第2段階で行動を市場と結びつけ個人の利得を優先して考える。そのため、企業への忠誠や依頼者の信頼および適切な行動に関する理念は認識していても行動とは繋がらない。レベル2の第4段階で専門職としての自覚をもつようになる。専

● 図表5-5　企業に雇用される専門職の倫理水準の発達段階

第1段階	＜レベル1＞ 専門職以前	社会的責任・専門職責任とは無関係
第2段階		行動と市場の繋がりの認識
第3段階	＜レベル2＞ 専門職	第一義的に企業への忠誠
第4段階		企業に対する忠誠・専門的職業への忠誠
第5段階	＜レベル3＞ 原理指向的専門職	公益優先
第6段階		普遍原理（公正・公平・思いやり）のへの到達

出所：ベジリンド、P.A.とA.S.ガン著、日本技術会環境部会訳編『環境と科学技術者の倫理』丸善、pp.19-26、www.nuclear.jp/~madarame/lec1/development-2.html（2003年2月14日）をもとに作成。

門職としての責任ある行動が企業の評価・評判に通じること、また、その行動が専門職の社会的地位の向上にも通じること等を認識する。各専門職団体の定める規範に積極的に従う専門職はこの段階で登場する。レベル3の第5段階は、公益のために行動することが最高位に置かれる。しかし、この段階では社会の基準が専門職の行動を決定するため、専門職の基準が該当しない場合や、一般の社会の倫理と相反する場合には社会の価値観が優先する。第6段階では、専門職の行動は公正、公平、思いやり等普遍的な規範に従う[38]。このように専門職が専門職として行動する際のさまざまな対応と段階が説明されている。

4-4. 専門職倫理と企業倫理

　企業内専門職は、専門職であることと企業の従業員であるという複雑な側面を同時にもつため、専門職倫理の要求と企業の要求との間に葛藤が生ずる可能性を有する。すなわち、現実には専門職の判断は、企業の最終的総括的意思決定に必要とされる情報の一部に過ぎないとはいえ、専門職としての見解は明らかにすべきであり、その特殊な責務は非専門職以上に重い負担である。

　ディジョージは、専門職に要求される行動の限界を「専門職綱領によって決定されるだけでなく、専門職全体がその行動をどの程度まで支持しようと

＜代表事例＞

◆建築士の責任―名義貸し―

判例　平成15年11月14日　第二小法廷判決　平成12年（受）第1711号　損害賠償請求事件
要旨：建築確認申請書に自己が工事監理を行なう旨の実体に沿わない記載をした一級建築士が建築主に工事監理者の変更の届出をさせる等の適切な措置を執らずに放置した行為が、当該建築主から瑕疵のある建物を購入した者に対する不法行為になるとされた

　一級建築士で、建築、土木工事の設計および監理を目的とする有限会社の代表者でもあるAは、建売住宅を建築・販売することを計画しているB株式会社から、大阪市内の建築予定の建物につき、建築確認申請に必要な設計図書の作成とともに建築確認申請手続の代行委託をうけた。

　建築士は、建築の計画、施工、完成、そして建物の保全、増改築、解体に至る全過程にかかわる専門職である。当該工事は、建築基準法によるとその規模・構造から、一級建築士または二級建築士が設計および工事監理をしなければならないものであった。

　Aは、設計図書を作成しB株式会社の建築確認申請を行った。その際、Aは建築確認申請書の工事監理者欄に自己の氏名を記載するとともに、自らを工事監理者とする旨の選定届（Aが工事監理をすることを承諾する旨の記載およびAの記名押印のあるもの）を作成し建築確認申請書に添付した。

　B株式会社は建築確認申請の際、大阪市の指導に対処するため、Aに対し工事監理者は未定であるが、建築確認申請書にはAを工事監理者として記載しておいてほしいと要請し、Aがこれに応じて作成したものであった。当時、両者の間には工事監理契約が締結されておらず、将来、締結されるか否かも未定であった。すなわち、現実には工事監理者が不在の状況で建築工事が実施され、建築主兼施工者であるB株式会社は当該建築の重要な部分に、建築確認をうけた建築物の計画と異なる工事を実施したため、この建物は法が要求する構造耐力を有しない等、重大な瑕疵のある建築物となった。

●図表5-6　企業・専門職・利害関係者の関係

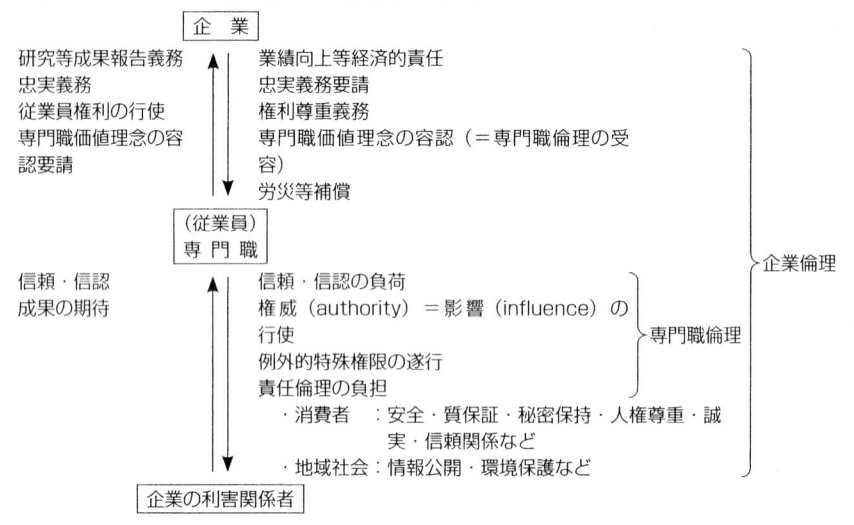

```
                        ┌─企　業─┐
                          ↑↓
研究等成果報告義務        業績向上等経済的責任      ┐
忠実義務                  忠実義務要請              │
従業員権利の行使          権利尊重義務              │
専門職価値理念の容        専門職価値理念の容認（＝専門職倫理の受│
認要請                    容）                      │
                          労災等補償                │
                        ┌(従業員)┐                │
                        │専門職　│                │企業倫理
                        └────────┘                │
                          ↑↓                      │
信頼・信認                信頼・信認の負荷          ┐│
成果の期待                権威（authority）＝影響（influence）の││
                          行使                      │専門職倫理│
                          例外的特殊権限の遂行      ││
                          責任倫理の負担            ││
                          ・消費者：安全・質保証・秘密保持・人権尊重・誠│
                                    実・信頼関係など            ││
                          ・地域社会：情報公開・環境保護など    ┘│
                        ┌企業の利害関係者┐                      ┘
```

するかによっても決まってくる」[39]とする。すなわち、ある専門職がより高次の規範（あるいは、新たに問題として発展する可能性をふくむ発見）に従い行為しようとする際、専門職団体が当該構成員を支援・援護しない限り、社会も雇用者もその意思決定や、それに基づく行為の重大さについて理解することは不可能である（社会に対する専門職の行為に関し、支援・援護を正当化し得る根拠の存在が前提であることは既述した）。しかるに、それらを可能とするものは、専門職団体による厳格な倫理綱領の採択・保持であり、専門職個人に対しては専門職倫理の体得である。このように専門職において専門職倫理が確立し、実践されている場合、それを侵害する企業の最終的総括的意思決定は利害関係者による支持の獲得を不可能とするのである。

　近年における専門職の逆機能に対する批判、具体的には、専門職の公益志向（または非営利志向、利他的動機）への懐疑、専門職による権力関係支配（すなわち power elite[40]）、専門職の有する専門的知識・技術による市場支配の可能性、専門職の閉鎖的志向（知識・料金等の非公開）による対象との上下関係の発生、専門職団体における保護主義的傾向（参入制限・競争制限な

ど）など[41]を克服するためにも、利害関係者の客観的評価に耐えうる倫理綱領の制定・遵守、すなわち専門職倫理の実現が強く望まれる。

専門職（団体）の倫理規範は、公正、誠実な判断をもって社会利益に貢献することを倫理綱領として規定するものであり、企業の枠を越えて同業者に対し普及されなければならない。また、企業倫理は、企業と社会との関係において経済的・法的・倫理的・社会貢献責任の同時実現[42]を目的とするものである。その際、利害関係者を十分に考慮して企業内部に規定されるものであり、専門職倫理をも包括しなければならない概念なのである（図表5-6を参照）。

5. おわりに

従来、企業に雇用される専門職に関する研究としては、技術者や科学者等、いわゆる"technical scientific profession"[43]（技術・科学分野に従事する専門職）または"impersonal service profession"[44]（非対人的サービスに従事する専門職）が対象となることが主であった。しかし、近年、保健・医療・福祉、教育等、公益性が高く、かつ対人的な分野において、公的規制の緩和や、民間主体とりわけ営利法人の参入が進展しつつある。すなわち、"person profession"[45]（対人分野に従事する専門職）、"personal service profession"[46]（対人的サービスに従事する専門職）が社会のなかで重要な役割を担うようになり注目されている。

専門職は自己の意思決定や行為により社会が被るであろう影響を十分に予見し、慎重な判断をしなければならない。その際、高度な知識や技術の修得の必要性はいうまでもないが、厳格な倫理規範の体得は必要不可欠である。他方で、所属する企業においては、専門職倫理を受容しうる企業倫理の確立が強く求められる。これらが再考されてこそ、企業は専門職の倫理を侵害してはならないことが言明できるのである。そして、それゆえ専門職倫理の侵害は企業倫理の課題事項なのである。

注

1 本章では、「ビジネス」という用語を事業主体としての「企業」を意味するものとする。business という語の理解については、中村瑞穂編著『企業倫理と企業統治』文眞堂、2003年、pp. 2-3 を参照。
2 長尾周也は、この時期のプロフェッションは高い社会的地位とそれに見合う生活様式を保障するものとして社会的意義を有していたことを指摘する（長尾周也『大阪府立大学経済研究叢書 第83冊 プロフェッショナルと組織』大阪府立大学経済学部、1995年）。また、エリオット（Elliot, P.）による"status profession"（*The Sociology of the Professions*, The Macmillan Press Ltd., 1972）という語は同時期のプロフェッションの存在意義を象徴している。
3 専門職の定義の多様性、先行研究の少なさに関しては以下の文献で取り上げている。

Carr-Saunders, A. M. and P. A. Wilson, *The Progressions*, Oxford University Press, 1933.

Goldner, F. H. and R. Ritti, "Professionalization as Career Immobility," *American Journal Society*, Vol. 72, No. 5, 1967.

Millerson, G., *The Qualifying Associations*, Routledge & K. Paul, 1964.

石村善助『現代のプロフェッション』至誠堂、1969年。

中野修一郎『プロフェッション社会学』木鐸社、1981年、他。
4 Vollmer, H. M. and D. L. Mills, *Professionalization*, Prentice-Hall Inc., 1966, pp. 2-9. 他にも Wilenski, H. L., "The Profession of Everyone?" *The American Journal of Sociology*, Vol. 70, No. 2, 1964, pp. 137-158. Greenwood, E., "Attributes of a Profession," *Social Work, National Association of Social Workers*, Vol. 2, No. 3, 1957, pp. 45-55を参照。
5 Barber, B., "Some Problems in the Sociology of the Profession," in K. S. Lynn, ed., *The Profession in America*, Houghton Mifflin, 1965, pp. 22-24.
6 Henry, N., *Public Administration and Public Affairs*, Prentice-Hall Inc., 1975, p. 94（中村瑞穂監訳『現代行政管理総論』、文眞堂、1986年、p. 112）。
7 古川安『科学の社会史―ルネサンスから20世紀まで―』南窓社、1989年、p. 146。
8 津村修「職業社会学における『専門職』概念に関する考察」名古屋大学文学部社会学研究室『名古屋大学文学部社会学論集』第8号、1987年、pp. 32-51。

時井聰『専門職論再考―保健医療観の自立性の変容と保健医療専門職の自律性の変質―』、学文社、2002年、p. 10。
9 同上書、p. 10。

10 とりわけ、企業に雇用される専門職研究では、量的に比較的大きな割合を占めている研究者・技術者等をその対象として選定する場合が多いという。それらの職業は、行使する専門性の対象との間に組織体（企業）の介入が必然であるため、対応は間接的となることが多く、同じく企業の被雇用専門職であっても、医師・福祉関連従事者等、直接対面的専門職とは基本的要件を異とする見解がある。
11 石村、前掲書、pp. 83-84。
12 例示すれば、医師による人体の切開行為、薬剤師による毒薬・劇薬の取り扱い、介護支援専門員による利用者の社会的・身体的状況等、個人情報の熟知等である。
13 Weber, M., *Politic als Beruf*, 1919（脇圭平訳『職業としての政治』岩波文庫、1980年、pp. 89-106）。
14 片岡寛光は任務責任を「組織によって与えられる任務に伴う責任」とし、「その任務を得た個人の行為を通じて実現され、行為に伴う行為責任と不即不離の関係にある」としている（片岡寛光『責任の思想』早稲田大学出版部、2000年、p. 13）。本書における専門職に課せられる責任はこれに妥当すると理解する。
15 同上書、pp. 14-15。
16 Whitobeck, C., *Ethics in Engineering Practice and Research*, Cambridge University Press, 1998, p. 74（札野順・飯野博之訳『技術倫理1』みすず書房、2000年、p. 94）。
17 Harris, C. E., Jr., *Engineering Ethics: Concept and Cases*, Thomson Learning, Inc., 2000, pp. 36-43.
18 Millerson, G., *The Qualifying Associations: A Study in Professionalization*, Routledge & K. Paul, 1964, pp. 28-32.
19 *Ibid*., pp. 32-41.
20 山田礼子『プロフェッショナルスクール』多摩川大学出版部、1998年、p. 28。Goode, W., "Community within Community: The Profession," *American Sociological Review*, Vol. 22, No. 2, 1957, pp. 194-200.
21 Harris, *op. cit.*, pp. 11-13.
22 DeGeorge, R. T., *Business Ethics*, 3rd ed., Macmillan Publishing Co., 1989, pp. 387-388（永安幸正・山田經三監訳、麗澤大学ビジネス・エシックス研究会訳『ビジネス・エシックス』明石書店、1995年、pp. 595-596）。
23 Whitobeck, *op. cit.*, p. 82.
24 石村、前掲書、173頁。
25 エツィオーニ（Etzioni, A.）は、知識が組織内で取り扱われる基本的方法を述

べる際、組織を、専門職組織（完全専門職組織・半専門職組織）、サービス組織、非専門職組織と3つに分類し、非専門職組織に企業を挙げている。詳細は、Etzioni, A., *Modern Organizations*, Prentice-Hall Inc., 1964（渡瀬浩訳『現代組織論』至誠堂、1967年、pp. 120-125）。

26 企業をもふくめ組織内専門職の性質については以下の文献を参照。

Etzioni, *op. cit.*（渡瀬訳、前掲書、pp. 117-142）。

Gouldner, A. W., "Cosmopolitan-Locals: A Factor Analysis of the Construct," *Administrative Science Quarterly*, 2, 1957, pp. 223-235, 281-306.

Gouldner, A. W., "Cosmopolitan-Locals: A Toward an Analysis of Latent Social Roles," *Administrative Science Quarterly*, 2, 1958, pp. 444-480. 他。

27 この課題事項は、中村瑞穂による「企業倫理の課題事項―関係領域と価値理念―」（中村瑞穂「ビジネス・エシックスと公益」日本公益学会『公益学研究』Vol. 1、No. 1、2001年、6頁）の「従業員」に関する課題事項を筆者が「個別企業内権利」に位置づけ分類を試みたものである。

28 DeGeorge, *op. cit.*, p. 387（永安幸正・山田經三監訳、前掲書、p. 598）。

29 Stewart, D., *Business Ethics*, McGraw-Hill, 1996, p. 221（企業倫理研究グループ訳『企業倫理』白桃書房、2001年、p. 217）。

30 Harris, *op. cit.*, pp. 197-200.

なお、ハリスの論議の対象は engineers であるが、その論理は企業内専門職にも妥当すると考えられる。

31 Hirscman, A. O., *Exit, Voice, and Loyalty: Responses to Decline in Firms, Organizations, and States*, Harvard University Press, 1970, pp. 76-92（矢野修一訳『離脱・発言・忠誠―企業・組織・国家における衰退への反応―』ミネルヴァ書房、2005年、pp. 85-99）。

32 Hirscman, A. O., *op. cit.*, pp. 80-82.

33 介護保険法（平成9年法律第123号）第79条第2項第2号に規定する厚生省令第53号。

34 厚生省令第53号「介護支援専門員に関する省令」第1条から第4条を参照。

35 介護保険制度の導入の経緯、介護サービス市場、介護サービス評価、介護ビジネスと企業倫理に関しては、山口厚江『高齢者介護ビジネスの社会的責任』文眞堂、2005年を参照。

36 厚生省老人保険福祉局介護保険制度施行準備室から各都道府県介護保険主管課（室）宛てに1999年9月14日付け公布。

37 介護保険法附則第2条による。

38 「倫理綱領」公表の時点で、本稿はすでに脱稿していたので、内容の検討は別

の機会にゆずる。

39　DeGeorge, R. T., *op. cit.*, p. 393. 永安幸正・山田經三（監訳）、前掲書、604頁。
40　Henry, *op. cit.*, p. 85（中村瑞穂監訳、前掲書、p. 101).
41　Freadson, E., *Professional Dominance: The Social Structure of Medical Care*, Atherton Press, Inc., 1970（進藤雄三・宝月誠訳『医療と専門家支配』恒星社厚生閣、1992年).

　　Illich, I., *Disabling Professions*, Marion Boyars, 1977（尾崎浩訳『専門家時代の幻想』新評論、1984年などを参照).
42　Carroll, A. B. and A. K. Buchholtz, *Business & Society*, 5th ed., Thomson, 2003, p. 40.
43　Goode, W. J., "The Theoretical Limits of Professionalization," in A. Etzioni, ed., *The Semi-Professions and Their Organization*, Free Press 1969, pp. 297-304.
44　Halmos, P., "The Personal Service Society," *The British Journal of Sociology*. Vol. 18, 1967, 3, p. 13.
45　Goode, *op. cit.*, pp. 297-304.
46　Halmos, *op. cit.*, p. 13.

第6章
国際経営における企業倫理

1. 問題の所在

　国内における「企業不祥事」が相次ぐなか、国際的な取引においても日本企業による不正事件が絶えず、本章においては国際経営における倫理的問題について考察する。そしてグローバルに事業活動を展開するうえで、日本企業が倫理的行動を促進していくための有効な企業倫理のあり方を企業文化との関連で検討をする。

2. 国際経営に関わる倫理的課題事項

2-1. 海外進出に伴う諸問題

　進展するグローバリゼーション[1]のなかで、南北間の経済的格差は狭まることなくより深刻化し、地球規模の環境問題、人権問題などグローバリゼーションの負の側面が現れている。そうしたなか、無責任な企業行動が引き起こした（引き起こす可能性のある）問題に対して環境、人権関連のNGOなどが企業にその解決を迫るようになった。企業はこれらの利害関係者を無視しえず、それらに関わる個々の課題に応じていくことが要請されている。

　企業活動における倫理問題とは理念的な議論にとどまらず、きわめて現実的な個別的な問題である。国際経営でよく指摘される倫理問題として、賄賂、不正なマーケティング、移転価格などによる租税回避、人権抑圧国への投資、公害の輸出や危険産業の移転、現地従業員に対する雇用条件の不平等などが

一般にあげられる。国際経営における企業倫理の主な課題事項は図表5-4企業倫理の課題事項（p.101参照）の国際関係の領域となるわけだが、グローバルな経営において全社的な観点からは他の関係領域も同時に課題事項となりうるのである。たとえば海外子会社で発生した産業災害や、国際的な競争会社に対する知的財産権の侵害などは、実際に問題となると、場合によっては子会社レベルでの対応では十分でなくなり本社としてその解決を迫られることもある。

日本企業の海外進出に伴うさまざまな問題が現れてきたのは発展途上国での輸入代替工業化が始まる1970年代からである。そのなかには第2次世界大戦中の反日感情と相俟って、日本との貿易のインバランスによる日本製品のボイコット運動へと発展したものや、東南アジアへの公害の輸出などがある[2]。また進出先で起こったことではないが、国際的取引という点で日本の信頼を大きく失ったロッキード事件（1976年）などがあった。

1980年代になると先進国と発展途上国間の問題だけでなく、先進国間でもさまざまな問題が生じるようになった。それまでも日本に対する貿易摩擦はみられたが、問題は貿易摩擦にとどまらず日米構造協議に象徴されるように、日本とアメリカの経済システムの違いをめぐる議論にまで発展した。

そしてこの時期、貿易摩擦を回避するためだけでなく、地域統合や円高対応のために北米、欧州などの先進国向けの直接投資が急増した。これは製造業だけでなく、バブル経済の勢いで急激な海外不動産投資も進み、また「アメリカ文化のシンボル」といわれるような企業の買収は、「アメリカ買い」などとアメリカ社会からの批判をうけることになった[3]。このような日本企業の行動は法にふれるわけでも倫理的な問題でもないが、現地の国民感情を無視したことに端を発したものであった。

さらに、企業市民という意識が高く社会貢献活動が積極的に行なわれ、「倫理基準の高い」とされるアメリカで事業活動を行なうことによって日本企業も企業倫理や社会貢献活動を意識しはじめたといってよいであろう。

章末の参考資料日本企業の国際的取引に関わる事件や問題は近年の日本企

業の国際的取引に関わる主な事件や問題をまとめたものである。

　1980年代半ば過ぎより、日本の海外直接投資も本格化し[4]、それとともに問題が多発しており、国際経営の複雑さを示している。参考資料のとおり1990年代を通じて日本企業は、環境問題への取り組みをはじめるきっかけとなる問題や人権意識の低さを露呈してしまうような問題に直面することとなった。90年代末から欧州では欧州委員会、アメリカでは司法省を中心として、カルテルなどの独占禁止法違反に対する摘発件数が増えている。さらにPL法関連などの訴訟も加わり海外で活動する日本企業にとって司法リスクが高まっていることを示している。

　この表のなかで特徴的なことは、ある一定の時期に特定の業界や特定の取引に関する同種の問題が発生していることである。

　とくに、総合商社はもともとその事業活動が国際的取引が主であることもあり、90年代後半からその不正事件が目立つようになる。契約を獲得するためのリベートの支払いやODA（政府開発援助）に関わる談合など類似の事件が生じている。後に述べる外国公務員贈賄罪[5]が不正競争防止法のなかに1998年に導入された後も腐敗行為が続いた。さらに各社が事件をきっかけとしてコンプライアンス部門を立ち上げた後も、実際にはそれらは機能してこなかったと指摘されている[6]。結果的に、2005年より国民の国外犯が導入され強化されることになった[7]。

　このように繰り返される不正事件は、不正な資金提供のための資金を企業が経費として不正に処理し発覚した場合には、後に国税当局から交際費と認定され追徴課税されるだけであり、そのため契約獲得のためのリベートの支払いは当たり前であるという認識を企業内に作り出していたことを意味しているであろう。

＜代表事例＞

◆三井物産のODA事業をめぐる疑惑

　日本政府が無償で資金を供与したモンゴルの村落に計150基のディーゼル発電設備を設置する政府開発援助（ODA）事業を巡り、三井物産がモンゴ

ル政府高官に現金百数十万円を提供していたことが2002年8月28日に、わかった。

　この事業の1期、2期工事の入札には、三井物産のほか、国際機関「支援委員会」が発注した国後島発電施設の工事（不正入札事件）の入札にも参加した住友商事、兼松が参加していた。1期工事は最安値を入れた三菱商事が提携先の寒冷地での実績不足を理由に失格となり、三井物産が10億2480万円で落札し、2期工事も同社が6億895万円で受注に成功した。いずれも入札予定価格に極めて近い価格での受注であった。

　現金をうけ取ったとされるモンゴル高官は疑惑について全面否定した。東京地検特捜部は、受注の見返りの不正な利益供与に当たるとみて、不正競争防止法違反（外国公務員などへの不正供与）での立件に向け、捜査を進めた。同法の不正供与罪は1998年改正で新設され、法人を罰する両罰規定が盛り込まれ、立件されれば適用は初めてとなった。同社経営幹部は「（法人としての罪が問われて場合、国後島問題とは）重たさが違う」と述べた。すでに、国後島発電施設の不正入札事件（2002年7月3日）で3カ月間のODA入札自粛をうけ、次年度の売上高に300億円程度の影響があるとみられていた。

　大手商社では、法制度整備や企業不祥事の続出から、法令遵守体制の整備を進めてきた。同社も2001年2月にコンプライアンス委員会を設置していた。

　しかし、ODAなどで相手国の政府高官が来日した時の宿泊費や渡航費を商社側がもつのは慣習となっており、そうした行為を「当然のコスト」と割り切るムードすらある。「適法と違法の明確な線引き作業は難しい」という大手商社幹部の声も多く、厳格な社内ルールができているとは言い難いようだ。

　捜査の結果、9月12日までに東京地検は資金提供の趣旨や金額などを検討し、刑事責任を問うには至らないと判断した。

　これを担当した同社元ナームリーダーは、前述の国後島発電施設入札事件で起訴され、同社元部長とともに有罪となった。また、これらの事件をうけて同社社長、会長は2002年9月4日の臨時取締役会で辞任することが決まったが、10月1日付で顧問に就任した。

出所：日本経済新聞2002年8月28日夕刊，8月29日，8月30日，9月1日，9月5日，9月13日，朝日新聞2002年7月3日夕刊などより作成。

2-2. 異文化における倫理的課題

　日本経団連の「企業倫理・企業行動に関するアンケート集計結果（概要）」（2005年12月13日）[8]によると、経営者にとって、企業倫理を推進するうえで文化や習慣の異なる海外で、いかに推進するかが課題であると報告されている[9]。これまでも国の文化や習慣の違いは企業経営に大きな影響をもたらし、異文化経営論として論じられてきた[10]。

　ある意思決定に際して本国と進出先の倫理基準の違いがある場合、社会的、文化的価値の違いをどう捉えていくかは企業倫理の領域において主要な問題のひとつである。そして社会、制度、文化が多様ななかで、普遍的な倫理基準はあるのかどうかということが常に問われてきた。

　この問いには2つの立場があり、ひとつは普遍的な倫理基準はないとする立場で「郷に入っては郷に従え」（When in Rome, do as the Romans do）に象徴されるような「（倫理）相対主義」である。この相対主義とはある行為について2つの文化が異なる道徳観をもつとき、どちらかひとつの倫理的見解の方が他方より勝っているとはせず、両方が正しいとする。これを説明するためによく出される例は賄賂である。賄賂は、それを認める国では正しく、認めない国では不正であるとし、相対主義はその両方の見解を認めるものであるが、これは論理的に矛盾がある[11]。

　一方で普遍的な倫理基準は存在し、どこにおいてもその倫理基準を貫くという「普遍主義」の立場がある。ディジョージによると、どこで活動するビジネスにも適用される一般的な倫理規範があり、それらは社会が機能し、ビジネス取引上の必要条件とされ、普遍的に適用される[12]。

　つまり先述の賄賂の例でいえば、賄賂はどこの国においても不正であり認められないとする。このような「普遍主義」の立場では、進出した国の倫理基準が自国より低いとする場合、それを否定し自国の基準を一方的に押し付けることがある。これを「自文化中心主義」や、それが行き過ぎると「倫理帝国主義」などと非難される。

　たとえば、アメリカにおいてロッキード事件などをきっかけに1977年に海

外腐敗行為防止法が成立し、この法律は事業の獲得・保持・割当のために、アメリカの個人や企業などまたは役員・取締役・被雇用者・その代理人か株主が、外国の公務員、外国の政党かその役員、政権候補者、賄賂がなされることを知る人物に対して、公務上の立場での行為や決定に影響を与えたり、法的義務を遂行させたり止めさせたり、不適当な優位性を確保するために賄賂を支払うことを禁じている[13]。国外で行なった不正行為も国内で行なったのと同様の罪となり、賄賂などが通常の慣行となっている国においても行なってはならないことになっている。これは他国の競争的企業に比べてアメリカ企業の立場を不利にするものとの声も上がり、1988年に緩和されることになった[14]。

したがって、極端な普遍主義は、現実面での適用性にかけることになり、経営の現地化の推進などにあたっては、現地社会の文化や習慣というものを尊重していく必要もある。現実の企業の事業活動において、普遍的な倫理基準を貫くことと現地社会の文化や習慣を尊重することが対立する場合、どのようにそれに対処していくかを決定することは困難なことである。

この問題をドナルドソン＝ダンフィー（Donaldson, T. and T. W. Dunfee）[15]は、統合社会契約論によって解決しようと試みる。そこにおいては「超規範」（hypernorms）という人間の生存にとって基本的な概念をマクロレベルで導入する一方で、道徳理性の限定された性質によって残される道徳的不透明さを減ずるために、ローカル・コミュニティ（以下のようなものがふくまれる。特定のコミュニティ、企業、企業内の部門、そのなかのインフォーマルなサブグループ、国内国際経済団体、産業など）のミクロレベルの契約を認めるものである。ただし、それは「超規範」に反しないかぎりにおいてである。「超規範」の最小限の概念とは、中心となる「人権」「個人の自由」「身体的安全と幸福」「政治的参加」「インフォームド・コンセント」「財産の所有」「生存の権利」、そして「個々の人間を尊重する義務」であり、それに相当する国際的な権利は、「国連世界人権宣言」であるとされている。つまり「超規範」を守るかぎりにおいて、それぞれの文化に固有の価値、習慣の

多様性を認めようとするものである。

したがって、本質的に重要となるのは、現地の文化や社会的価値それ自体ではなく、むしろそれらの「多様性の背後にある共通の倫理的価値」[16]であり企業倫理ではそれらに焦点を当てるものである。よって文化、習慣を尊重することと、倫理的正当性の是非は別の次元の問題となることを認識する必要がある。

3. 国際経営における企業倫理

3-1. 国際的な倫理基準の進展

つぎに、各国の文化や習慣の多様性を認識しうけ入れつつ、追求し守っていく普遍的な倫理基準は何であるかが問題となる。ドナルドソン(Donaldson T.) は「最低限度の国際的権利」として、先述の「超規範」と重複する権利もあるが、以下の10原則をあげている[17]。①身体行動の自由の権利、②財産権、③拷問をうけない権利、④公平な裁判をうける権利、⑤公平な扱いをうける権利、⑥身体の安全の権利、⑦言論結社の自由の権利、⑧最低限の教育をうける権利、⑨参政権、⑩生存権。彼はこの原則を担う主体を企業に限定していないので、より広い抽象的な表現になっているが、これを犯して企業は正当とされないとする。

また、ディジョージは先進国よりパワーの弱い発展途上国に進出した場合倫理問題はより重要になるとして、発展途上国に進出した場合を想定した7つのモラルガイドラインをあげ、企業により倫理的な行動を求めている[18]。

さらに、さまざまな価値が交錯する国際社会のなかで、グローバルに活動を展開し法律的に高い自由度を有する多国籍企業の行動の基準になりうるものとして、フレデリック(Frederick W.C.) はその性格、目的、内容上、最も包括的、典型的な合意とされる国家間の契約として、①国連世界人権宣言(1948年)、②ヨーロッパ人権代表者会議 (1950年)、③ヘルシンキ最終決議(1975年)、④多国籍企業に関するOECDガイドライン (1976年)、⑤国際労働機関多国籍企業と社会政策に関する原則の3カ国宣言 (1977年)、⑥国連

● 図表 6-1　国際的企業行動指針

	名称	内容
1994年	コー円卓会議・企業の行動指針	「共生」と「人間の尊厳」
1999年	グローバル・サリバン原則改定	普遍的人権、従業員の権利、公正な競争と賄賂の禁止、地域社会への貢献など
2000年	国連グローバル・コンパクト	人権、労働、環境、透明性と反腐敗行為
2000年	OECDの多国籍企業ガイドライン改定	情報開示、労働、環境、消費者、賄賂、科学技術、競争、課税
2002年	持続可能性報告ガイドライン（GRI）	経済的、環境、社会的パフォーマンス指標

注：
・『コー円卓会議・企業の行動指針』コー円卓会議日本委員会、1994年12月
・1999年グローバル・サリバン原則改定　http://globalsullivanprinciples.org/principles.htm
・国連グローバル・コンパクト http://www.unglobalcompact.org/
・2000年OECDの多国籍企業ガイドライン改定 http://www.oecd.org/dataoecd/56/36/1922428.pdf
・持続可能性報告ガイドライン（GRI）http://www.globalreporting.org/guidelines/2002.asp

多国籍企業行動規範（1972年から検討されてきていたが未成立）をあげる[19]。それぞれの機関によって掲げる目標が違うことから、指針の項目としてあげられる内容は異なるが、人権が共通してみられる[20]。

近年では「持続可能性」(sustainability)[21]、「トリプル・ボトムライン」(Triple Bottom Line)[22]の概念の普及とともに図表6-1のようなガイドラインが提唱されている。

これらの国際的な行動基準ないし倫理綱領は法的拘束力のあるものではないが、多様な価値が交錯する国際環境のなかで経営の意思決定や行動の指針となりうるものであり、これらに基づき各企業レベルにおいては個別に行動指針、倫理綱領などを制定し実践に移すことになる。

3-2. 企業倫理の制度化の問題

それぞれの企業は、上記のような行動基準に基づいて作成した行動指針、倫理綱領を採択し、倫理担当役員の任命、担当部署の設置、倫理教育、相談窓口の設置などの、企業倫理の制度化が進められることになる。日本おける

企業倫理の制度的枠組みの推進は、近年大企業においては進展していると報告されている[23]。

先述の日本経団連のアンケートにおいても、回答企業に関しては企業倫理徹底のための社内組織・体制の進展が報告されている。担当者の回答では、「86.6％の企業・団体が企業行動指針などを策定済。また80.5％の企業・団体が、企業倫理担当役員を任命済。89.3％が、企業倫理担当部署を設置済。なお、担当部署は、61.8％が他の業務との兼任。担当者の人数は76.8％が5人以内」である。経営トップの回答では「66.5％が、企業倫理徹底のための社内組織・体制を整備したものの、中身の充実が課題であると認識している。組織・体制をさらに充実させる必要があるとした22.3％を加えると、88.8％の経営者がさらなる内容充実や体制整備の必要性を感じている」のである。

このように日本企業において企業倫理の制度化への取り組みは本社自体で整ってきたところで、制度化へのさらなる充実が必要とされているという段階である。しかしながら、一方で回答企業の少なさ[24]や中小企業における取り組みの遅さ[25]は、アメリカ流の企業倫理の制度化という手法が日本企業に妥当かどうか、適合するかどうかという問題をつきつける。

これまで、日本企業での企業倫理の制度化はアメリカで確立された企業倫理プログラムをもとにしている。それは、「訓練活動、倫理的行動の監査・評価の公式化された手続き、倫理的期待の不履行に対する懲戒的処置、倫理ホットラインや公式の倫理担当部署・役員や倫理的政策・手続きを設定および評価する職能横断的委員会の設置など」[26]であった。

しかしながら、このような制度化はアメリカにおいて連邦量刑ガイドラインへの対応から普及した経緯がありアメリカ固有のものである[27]。よって、先述の相対主義と普遍主義の問題にも関連するが、あらゆる文化において道徳性の本質的内容に関して同意したとしても、それらの本質的な目的を達成する最良の方法については文化的に相違が残るであろう[28]。

さらに、これまで進められてきた企業倫理という学問自体がアメリカで展開されてきたものを基礎としており、アメリカの価値体系や理論のもとで成

立してきているので、そのまま各国に適用することにも限界があると指摘されている[29]。すなわち、アメリカの企業倫理はすべての人を平等に扱う一般原則に基づいて道徳的判断をする個人に関するものであり、対照的に欧州や日本の企業倫理は、特定の会社の文化に根ざした、特別な状況に適用した、ある社会の関係や義務の特質に強く影響された共有された価値観の考慮が必要とされるのである[30]。

このように先進国間でも企業観、資本主義観には国ごとの違いがあるため、制度的、法的、社会的、文化的文脈を考慮して企業倫理の制度化を捉える必要がある。制度化自体の意味として「ある制度化された行動とは、2人以上の個人によってなされ、持続し、組織の日々の職務として存続するもの」と定義される[31]。

したがって、重要な点は、「行動の伴わない企業倫理の制度化は、まったくその意味がない」[32]と指摘されているように企業倫理プログラムを導入することが目的ではなく、企業の倫理性を高める制度化を進めることである。

4. 企業倫理と企業文化

企業倫理の制度化には文化が影響し、国によってその推進の方法は多様であるとするなら、これまでいわゆる日本的経営の特徴とされる集団主義的な経営の特質や経緯を考え、日本企業において価値共有 (value sharing)[33]による企業倫理の制度化が有効とされる。またこれは近年アメリカでも注目されつつある[34]。

ペイン (Paine, L.S) はこの価値共有による企業倫理の制度化を「誠実さをめざす戦略」とよび、「法律順守をめざす戦略」と対比させる[35]。とくに海外での経営において「法律的な基盤が整備されていないところで、責任ある行動の基準として法律順守を口にするのは無意味だ」[36]とする。非合法的な行為を防止することを目的とした「法律順守をめざす戦略」に対して、責任ある行為を実行することを目的とする「誠実さをめざす戦略」は、会社の価値観を実践の基準とし、意思決定と価値観の教育に重点を置いている。

●図表 6-2　道徳的文化の種類と変化の類型

企業倫理プログラム導入水準	組織文化の倫理性	
	低	高
高	Ⅱ：見せかけの倫理	Ⅳ：道徳的模範
低	Ⅰ：道徳的前慣習主義（偽装無し）	Ⅲ：集団的道徳的良心

出所：Sims, R.R. and J.Brinkmann "Enron Ethics (Or: Culture Matters More than Codes)," *Journal of Business Ethics*, 45, 2003, を訳出。

　また、企業倫理の制度化が進展しているとされるアメリカでもエンロン、ワールドコムの破綻はコーポレート・ガバナンスや企業倫理の制度的枠組みの充実だけでなく、企業に根ざす文化が問題であることを示している[37]。

　図表 6-2 道徳的文化の種類と変化の類型は、縦軸に「企業倫理プログラム導入水準」となっているが、企業倫理の制度的枠組みが整っていて外部に対してもアピールするものであるかどうか、横軸は、組織文化の倫理性の程度を示している。Ⅰの道徳的前慣習主義（偽装無し）(moral preconventionalism) は、制度的枠組みもなく倫理的な文化でない企業である。Ⅱの見せかけの倫理 (window-dressing ethics) は、エンロンやコンプラインアンス部門が機能しなかった先述の総合商社など、倫理プログラムの枠組みが整っていても、倫理的な文化でない企業である。Ⅲの集団的道徳的良心 (collective moral conscience) は、企業倫理を意識せず倫理的な文化の企業（道徳的企業の旧式のタイプ）である。Ⅳの道徳的模範 (moral role-modeling) は、倫理プログラムの枠組みも整っていて、組織文化も倫理的であり、マーケティング、PR 時代のモデルである。ここで問題となるのは、対外的には企業倫理への取り組みをしているように見せながら、実際には非倫理的な文化のⅡの見せかけの倫理である。

　その意味で価値共有による企業倫理の制度化を考える手がかりとして、企業倫理と価値観 (values)、企業文化 (corporate culture) の関係をみる。

　シャイン (Schein, E.H.) は企業文化について、文化のレベルが可視的なものから暗黙の目にみえないものまであるとするなかで、「共有された暗黙の仮定」を重視し、文化の本質は集団として獲得された価値観、信念、仮定

であり、組織が繁栄をつづけるにつれてそれらが共有され当然視されるようになったものであるとする[38]。つまり、企業文化はある価値観が組織の生成・発展のなかで、その有効性が学習され一定の仮定、組織としての前提になったものと捉えられる。

価値観自体は、「個人（グループ）に望ましいとされる信念や原則の中核態度」[39]で、人ごと、グループごとに異なるという面がある。そこには客観的な正邪、善悪などの判断は加わらない。一方、「倫理は何が正しく公平な行為や行動かの概念」[40]として捉えられ、正邪、善悪の問題が関わる。経済的組織としての企業には、いうまでもなく道徳とは無関係な（amoral）経済的業績としての企業価値も存在する（完全に無関係であるとはいえない）。

そして、企業の価値観によって形成された企業文化についてみるならば、倫理的な（ethical）文化、道徳とは無関係な（amoral）文化、非倫理的な（unethical）文化が考えられる。そして企業文化の有効性がその組織の成功によって評価されるため、経済的業績だけによってそれが測られる場合には、企業文化の有効性と倫理的な正しさが必ずしも一致するわけではない。

価値、企業倫理、そして企業文化の関係について、「企業文化の基礎として価値が存在し、それがいかにあるべきかを問うところに、それゆえ、究極的には企業文化がいかに形成される「べきか」を明らかにするところに企業倫理研究の意義がある」[41]とされ、価値観や企業文化のあり方を規定していくのが企業倫理であると考えられる[42]。つまり、企業倫理によって、倫理的な価値が明示され、それによって企業文化が方向づけられ、その企業文化を通じて倫理的風土（ethical climate）[43]が形成されていくというものである。

図表6-3は、企業倫理、企業文化、倫理的風土の関係を示したものである。いずれも国や社会の文化に影響をうけ、またそれらに影響を与える場合があ

●**図表6-3　企業倫理と企業文化**

企業倫理	⇒	企業文化	⇒	倫理的風土
↓↑		↓↑		↓↑
国　や　社　会　の　文　化				

ることを示している。

　そして、企業倫理によって規定された企業文化は、「外部適応」「内部統合」「不安を低減する機能」という3つの文化の機能[44]によって倫理的価値の実現を図るための役割を果たしうる。

　企業文化は、まず、「外部適応」機能として明確な組織としての使命・目的を示し、その実現のための有効な手段が考えられ、さらにその結果を評価し、修正を加える。次に、「内部統合」機能によって、示された使命や価値観を共有し、また組織の権限関係、報酬や昇進制度によって、その組織が望ましいとするあるいは評価する行動が示される。そして、「不安を低減する機能」としてさまざまな意思決定上のジレンマに陥ったときに意思決定基準に何を重視すべきかを企業文化は提供する。

　また、この企業文化の文化的要素を定着させるために、リーダーシップが強調されてきたが[45]、とくに倫理的行動を促進するためのリーダーシップは倫理的な企業文化の構築、維持にとって重要となる[46]。

　リーダーシップの具体的内容として、ペインは組織の誠実さを構築するために、「倫理の枠組みをつくる、組織を構築する、行動で模範を示す、外部からの挑戦に立ち向かう」の4つが、経営者の役割とする[47]。

　さらに、国際経営に関する経営者への指針としてドナルドソン[48]は、以下の5つをあげる。①会社の価値や行動の公式基準を絶対のものとする。②供給業者、顧客との契約の条件を計画し、実行する。③外国の事業単位が倫理的基準を定式化し、倫理的課題を解釈するのを助けることを認める。④受入国で慣行化した違法行為を減らす努力を支持する。⑤道徳的構想力（moral imagination）を用いる。

　①、②は会社としての価値基準を内外に示すことになり、③は各国子会社の自発的な倫理的取り組みを評価し、④は進出した地域への非倫理的行為の改善、⑤は矛盾する要素間の緊張を責任もって創造的に解決することを意味し、企業倫理の特徴をなすものである[49]。このような経営者のコミットメントがあって、企業倫理の制度化の枠組みも意味をもつことになる。

5. おわりに

　日本企業の国際的取引における不正事件が繰り返される現状を踏まえ、グローバルに事業活動を展開する企業が子会社をふくめていかに企業倫理の制度化を図っていくべきかを考察してきた。とくに、企業倫理と企業文化の両者の関係から、企業倫理プログラムの導入とともに、倫理的な企業文化を作ることが企業倫理の制度化にとって重要であることを検討した。

注
1　グローバリゼーションとは「単に国境を越えて事業活動が世界的規模で行なわれているという事実だけでなく、世界経済がひとつの統合された自由市場へと基本的に変容」（Boatright, J.R., "Globalization and the Ethics of Business," *Business Ethics Quaterly*, Vol.10, No.1, January, 2000）することを意味する。
2　山田經三『世界における日本企業の責任―組織・リーダーシップの国際的役割』上智大学、1994年。
3　『ジェトロ白書・投資編　世界と日本の海外直接投資』1987年、1988年、1989年を参照。
4　第32回平成14年海外事業活動基本調査結果概要―平成13（2001）年度実績―経済産業省（http://www.meti.go.jp/statistics/downloadfiles/h2c401ej.pdf）、第35回海外事業活動基本調査結果概要―平成16（2004）年度実績―経済産業省（http://www.meti.go.jp/statistics/downloadfiles/h2c404hj.pdf）を参照のこと。
5　アメリカでは1977年に海外腐敗行為防止法（The Foreign Corrupt Practices Act）として成立。日本では、平成10（1998）年OECD外国公務員贈賄防止条約の成立にともない、本条約を国内的に実施するため不正競争防止法を部分改正（外国公務員贈賄罪）、さらに平成16（2004）年外国公務員贈賄罪の国民の国外犯を導入するため部分改正（平成17年1月1日施行済）。不正競争防止法の概要（平成5年5月19日法律第47号）平成17年10月経済産業省、知的財産政策室（http://www.meti.go.jp/policy/competition/index.html）を参照。
6　『朝日新聞』2001年6月5日。
7　注5に同じ。
8　『労務事情』2006年2月1日、No.1091、pp.46-50。
9　経営者の感じている問題・課題のなかのひとつに「企業倫理意識の徹底」があり、そのなかに「海外の事業所での取り組みが難しい」というのがあがって

いた。また、企業倫理推進の効果があがらなかった代表例として「海外では文化習慣等の違いから同一規定を適用できなかった」とある。

10 Hofstede, G., "Motivation, Leadership, and Organization: Do American Theories Apply Abroad?" *Organization Dynamics*, Summer, 1980, や Adler, N.J.、江夏健一・桑名義晴監訳『異文化組織のマネジメント』セントラル・プレス、1996年などを参照のこと。

11 Stewart, D., *Business Ethics*, McGraw-Hill, 1996(企業倫理研究グループ訳『企業倫理』白桃書房、2001年、pp.240-248)。

12 DeGeorge, R.T., *Competing with Integrity in International Business*, New York Oxford University Press, 1993.

13 ただし、外国公務員、政党、政党役員によって日常業務的になされる行為(許可証や免許の取得など)を円滑にする支払いは認めている。http://www.usdoj.gov/criminal/fraud/fcpa/fcpastat.htm を参照。

14 Folsom, R.H. and M.W.Gordon, *International Business Transactions*, Vol.1, Practitioner Treatise Series, West Publishing Co., 1995, p.441.

15 Donaldson, T. and T.W.Dunfee, *Ties that Bind: A Social Contracts Approach to Business Ethics*, Havard Business School Press, 1995.

16 Stewart、前掲邦訳 p.260。

17 Donaldson, T., *The Ethics of International Business*, Oxford University Press, 1989, p.795.

18 DeGeorge, *op. cit.* を参照のこと。

19 Frederick, W.C., "The Authority of Transnational Corporate Codes," *Journal of Business Ethics*, 10, 1991, pp.165-177.

20 雇用慣行、消費者保護、環境保護、政治的関わり、人権などの指針があるが、人権については OECD ガイドラインを除いてすべてにふくまれている。*ibid.*, p.168.

21 持続可能性は、もともと「将来世代の欲求を満たしつつ、現在の世代の欲求も満足させるような開発」という「持続可能な開発(susutainable development)」からきた用語である。World Commission on Environment and Development, *Our Common Future*, Oxford University Press, 1987を参照のこと。

22 英国のコンサルティング会社のSustainAbility社のJ.Elkingtonによって提唱された「トリプルボトムライン」は経済・社会・環境の観点から企業の業績を評価し、経営していくことをめざしたものである。Elkington, J. *Cannibals with Forks: The Triple Bottom Line of 21st Century Business*, New Society Pub., 1987, を参照のこと。

23 岡本大輔・古川靖洋・佐藤和・梅津光弘・山田敏之・大柳康司「続・総合経営力指標―コーポレートガバナンス・マネジメント全般と企業業績2004―(2)」『三田商学研究』第48巻第2号、2005年、p.159。
24 1991年に「企業行動憲章」を制定し、企業倫理の重要性を訴え続けている日本経団連のアンケート調査でも会員企業・団体（1558社・団体）のうち、経営トップ向けアンケートは回答数507社・団体、回答率32.5％と企業倫理推進担当者向けアンケート、回答数524社・団体、回答率33.6％である。
25 岡本他［2005］前掲書。
26 Weaver, G.R., L.K.Trevino, and P.L.Cochran, "Integrated and Decoupled Corporate Social Performance: Management Commitments, External Perspective, and Corporate Ethics Practices," *Academy of Management Journal*, Vol.42, No.5, October 1999, pp.539-540.
27 詳細は第1章を参照のこと。
28 Weaver, G.R., "Ethics Program in Global Business: Culture's Role in Managing Ethics," *Journal of Business Ethics*, 30, 2001, p.4.
29 Iyer, G.R., "International Exchange as the Basis for Conceptualizing Ethics in International Business," *Journal of Business Ethics*, 31, 2001, p.12
30 Vogel, D., "The Globalization of Business Ethics: Why America Remains Distinctive," *California Management review*, Fall, Vol.35, No.1, 1992, p.46.
31 Goodman, P.S. and J.W.Dean, Jr., "Why Productivity Efforts Fail," in W.L. French, C.H.Bell, and R.A.Zawachi. eds., *Organization Development: Theory, Practice and Research*, 3rd ed., BPI/Irwin, 1989.
32 Donaldson, T., "Values in Tension: Ethics Away from Home," *Harvard Business Review*, September-October, 1996, p.55.
33 Paine, L.S., *Cases in Leadership, Ethics, and Organizational Integrity: A Strategic Perspective*, McGraw-Hill, 1997（梅津光弘・柴柳英二訳『ハーバードのケースで学ぶ企業倫理―組織の誠実さを求めて―』慶應義塾大学出版会、1999年）.
34 「2004年11月に改正された連邦量刑ガイドラインにも形式的な倫理的行為と法令遵守から企業文化や倫理的職場風土（Ethical working climate）が強調されている」（梅津光弘「改正連邦量刑ガイドラインとその背景：企業倫理の制度化との関係から」『三田商学研究』第48巻第1号、2005年、p.155）。
35 Paine, *op.cit.*、前掲邦訳 pp.79-92。ただし、これら2つは相互に排他的なものではない。
36 Paine, *op.cit.*、前掲邦訳 p.84。
37 Sims, R.R. and J.Brinkmann, "Enron Ethics (Or: Culture Matters More than

Codes)," *Journal of Business Ethics*, 45, 2003, pp. 243-256.

38 Schein, E. H., *The Corporate Culture Survival Guide*, Jossey-Bass, 1999（金井壽宏監訳『企業文化―生き残りの指針』白桃書房、2004年、p. 22）。加護野［1988］、河野・クレグ［1999］でも「共有された価値（観）」が含まれている。

39 Joyner, B. and E. D. Payne, "Evolution and Implementation: A Study of Values, Business Ethics and Corporate Social Responsibility," *Journal of Business Ethics*, 41, 2002, pp. 297-311.

40 *Ibid*.

41 林満男「グローバル企業文化の基礎としてのグローバル企業倫理」安室憲一編・多国籍企業研究会著『多国籍企業文化』文眞堂、1994年、p. 161。

42 同様なことが Driscoll, D. and W. M. Hoffman, *Ethics Matters: How to Implement Values-Driven Management*, Bentley College Center for Business Ethics, 1999（菱山隆二・小山博之訳『ビジネス倫理の10のステップ』生産性出版、2001年））、や鈴木辰治（『企業倫理・文化と経営政策―社会的責任遂行の方法―』文眞堂、1996年）でも指摘されている。

43 企業文化と企業風土の違いについて Trevino, K. L., K. D. Butterfield and D. L. McCabe,（"The Ethical Context in Organizations: Influences on Employee Attitudes and Behaviors," *Business Ethics Quarterly*, Vol. 8, Issue 3, 1998）p. 453は以下のように述べる。「倫理的風土はどんな種類の組織であるか、本質的に組織は何を価値あるものとしているかを人々に告げる広範な規範的性格と質に関して組織を特徴付け、他方、倫理的文化は行動に影響を与えるための公式、非公式の管理システムに関して組織を特徴付けるものである。」

44 シャイン、E. H.、清水紀彦・浜田幸雄訳『組織文化とリーダーシップ』ダイヤモンド社、1989年、pp. 65-106。

45 Schein, *op. cit*.、前掲邦訳 p. 100。

46 Weaver, G. R., L. K. Trevino and P. L. Cochran, "Integrated and Decoupled Corporate Social Performance: Management Commitments, External Perspective, and Corporate Ethics Practices," *AMJ*, Vol. 42, No. 5, October 1999., Sims and Brinkermann, *op. cit*.

47 Paine, *op. cit*.

48 Donaldson［1996］, *op. cit.*, pp. 60-62.

49 「法は制裁を求め、倫理は創造的な解決を求める」（Francis and Armstrong［2003］）といわれ、ドナルドソンは道徳的構想力の事例としてコカ・コーラ社がエジプトの官僚からの賄賂の要求を断ったが、果樹の植林計画を後援して、政治的支援や公的信頼を獲得したことをあげる Donaldson［1996］。

第6章　国際経営における企業倫理

参考資料　日本企業の国際取引に関わる事件や問題

年月	事件の概要
1979年7月	日商岩井　米国ダグラス・グラマン社からの航空機輸入をめぐって国会議員への贈賄
1982年6月	日立製作所、三菱電機などの社員ら、FBIにIBMのコンピュータに関する機密情報を不正入手で逮捕。1983年各社司法取引により決着。
1982年	日本企業の支店、海外現地法人をめぐる課税上の問題多発。インド、インドネシアでのニチメン事件（4月）。韓国での商社追徴課税（5月）。パプア・ニューギニアでの日系水産会社3社追徴課税（8月）
1985年2月	三菱化成　マレーシア　ARE（エイシアン・レア・アース）地元住民が放射性物質の管理をめぐって操業停止を提訴
1987年5月	東芝機械ソ連取引でココム規制違反、東芝本社の会長と社長が引責辞任
1987年8月	国税庁はフィリピン元大統領への日本企業のリベート疑惑の調査の結果、大手商社を含む6社に重加算税を含む追徴課税約6億5千万円
1987年8月	小西六写真工業はアパルトヘイトに抗議してコダックが南ア撤退を発表した直後の現地代理店のCM放映（小西六に無断）への米政府の批判から、5月分の出荷を最後に南ア向け輸出の停止を決定
1988年12月	富士通ソフトウェア知的所有権紛争（85年）でIBMに対し和解金約4億ドルの支払い受け入れ
1988年	三菱商事マレーシア・サラワク州　熱帯雨林伐採問題　ダイヤマレーシア環境保護団体が伊藤忠、日商岩井などにも抗議
1991年8月	日本航空電子工業、空対空ミサイルの飛行安定装置を民生品と偽って、イランへ輸出。
1992年3月	三菱マテリアルは環境基準は完全にクリアし、最先端の環境対策技術を打ち出したが、一部の環境保護活動家や漁業従事者の理解が得られず、米国テキサス州での精錬所建設計画を断念
1993年7月	米環境保護局は日系企業3社（蝶理アメリカ、米国味の素、コニカ・イメージングUSA）含む7社を有害物質規制法違反で提訴
1994年6月	米環境保護局は日本企業の米国法人（田辺製薬、協和発酵、日本ペイント）を含む全米の化学・製薬会社39社を米公害防止関連法違反で起訴
1994年7月	米司法省は感熱紙の国際カルテルで新王子製紙米現地法人と前社長、三菱商事本社と米現地法人に約600万ドルの罰金、後に罰金支払いで司法取引。95年には日本製紙を起訴。
1995年9月	大和銀行ニューヨーク支店の嘱託行員が帳簿外で米国債投資を長年続けた失敗をごまかすために、同行が持つ有価証券を無断で売買し、合計約11億ドル（約1,100億円）の損失を出す。
1996年4月	米国政府の雇用機会均等委員会（EEOC）が米国三菱自動車をセクシャルハラスメントと性的差別の放置で提訴

1996年6月	住友商事　元部長銅地金不正取引による詐欺罪。会社に約3,000億円の損失。株主代表訴訟も起きる。
1996年6月	米国マサチューセッツ州はミャンマーでビジネスをする内外の企業からの商品、サービス購入禁止の州法を発効し、全日空、三菱商事、東京三菱銀行、ソニー、トヨタ自動車など日本企業約20社もボイコット対象となる。
1996年8月	アメリカ司法省は飼料用添加物リジンで価格カルテルを結んでいたとして、味の素、協和発酵、韓国企業を提訴し、総額2000ドル以上の罰金を支払う司法取引で合意。
1998年2月	アメリカ司法省は電炉用の黒鉛電極の販売で昭和電工のアメリカ法人に3250万ドルの罰金。
1998年2月	アメリカ司法省は産業用洗浄剤の国際カルテルで藤沢薬品に2000万ドルの罰金。
1998年6月	アメリカ司法省は排ガス規制違反で本田技研の米子会社に1710万ドルの罰金。
1998年9月	欧州委員会は大西洋航路同盟加盟の日本郵船を含む15の海運会社に違法な協定で運賃を決定したとして総額約420億円の課徴金を決定。
1998年12月	日本たばこ産業は、米たばこ大手4社と全米46州との間で成立したたばこ訴訟の和解契約に参加を発表。
1999年	三菱商事　中国へのプラント輸出で受注謝礼に経費処理が不適切として18億円の申告漏れの指摘
1999年3月	アメリカテキサス州連邦地裁に東芝はノートパソコン内蔵のフロピーディスク用半導体の「欠陥」をめぐり集団訴訟を起こされ、10月に和解し和解金費用1064億円。11月には、NEC米子会社やコンパックも同様の訴訟を起こされる。
1999年4月	鹿島建設　法人税軽減の見返りにインドネシア税務当局に約8000万円リベートを経費処理に対し、東京国税局が追徴課税
1999年7月	日商岩井　タイ現地法人から本社へ送金された売買仲介手数料などをめぐり所得隠しを指摘され、裏金6億円を交際費と認定し約3億円の追徴課税
1999年7月	アメリカ司法省は大気浄化法違反容疑でトヨタ自動車に約600億ドルの罰金支払いを求め提訴、法廷闘争へ
1999年8月	本田技研工業の米オハイオ州の3工場の黒人従業員が待遇改善を求める集団訴訟
1999年9月	アメリカ司法省はビタミン製品販売で反トラスト法違反で武田薬品工業、第一製薬、エーザイや欧州大手製薬会社に総額1億3700万ドル（約150億円）の罰金。また米食品メーカーからの民事訴訟では和解金総額1億7千万ドル（約180億円）。
1999年9月	アメリカ司法省は食品用防腐剤販売で日本合成化学工業（2100万ドル）、ダイセル化学工業（2000年7月5300万ドル）、上野製薬（2001年1月1100万ドル）に罰金。

1999年10月	三菱商事 ESSA メキシコ鉱業振興局との合弁「サンイグナシオ湾製塩事業計画」に対し、環境団体による不買運動。2000年3月に計画を中止
1999年12月	欧州委員会は新日鉄、川崎製鉄、NKK、住友金属工業を含む日欧8社にシームレスパイプ販売でカルテルがあったとして日本の各社には1350万ユーロ（約14億円）の罰金を命令。
2000年1月	貿易会社「サンビーム」（98年閉鎖）イランに対戦車ロケット砲の専用部品の不正輸出で元役員ら外為法違反で逮捕
2000年1月	米国三菱自動車製造 黒人従業員9人が差別禁止求め提訴（2001年に和解金を支払うことで合意）
2000年2月	三井物産電話交換機納入（NECの現地合弁企業）でマレーシア側に3億円リベート支払いに追徴課税。韓国、ヨルダン、カタールでも「代理店手数料」を不透明な工作資金として追徴課税
2000年3月	カナダの連邦裁判所はビタミンの取引で国際カルテルを結んだとして武田薬品工業に約4億円の罰金を命じた。第一製薬、エーザイも同様の罰金支払い。
2000年5月	東芝はノートパソコンの「欠陥」をめぐり中国でユーザーからのアメリカ並みの賠償要求に対し会見。
2000年6月	三井物産 日本人嘱託社員中国火力発電所建設の国際入札に絡み、贈賄で身柄拘束。（2002年法人としての同社無罪。社員は有罪判決）
2000年6月	欧州委員会は味の素、協和発酵など日米韓5社に飼料用添加物リジンの販売で価格カルテルを結んでいたとして総額1億1千万ユーロ（約110億円）罰金の支払いを命令
2000年8月1日	ブリジストンのアメリカ子会社ブリジストン・ファイアストン製のタイヤに欠陥が見つかるトラブル発生を受け、同社は対象の約2000万本を自主回収
2000年10月	三井物産 水力発電所建設事業に関して中国で嘱託社員、贈賄の罪で逮捕。2001年4月一審で有罪判決（法人としての会社は無罪）
2000年11月	インドネシア味の素株式会社（P.T. Ajinomoto Indonesia）ハラール事件
2001年5月	マルハ タコ輸入に特恵関税制度を悪用し、強制捜査および社員3人逮捕 豊田通商（5月）、丸紅（6月）、水産会社「宝幸水産」（6月）、兼松（9月）、生鮮魚介類卸会社「神戸」（12月）
2001年5月	三菱商事 黒鉛電極の国際カルテルを巡り米連邦地裁は1億3400万ドル（約160億円）の罰金
2001年5月	スズキ 軍事政権への反対運動を展開する「自由ビルマ連合（JFBC）」からミャンマーからの撤退を要求され、全米での抗議圧力強まる
2001年7月	石原産業はビデオテープ用の磁性酸化鉄の販売で米フィラデルフィア連邦大陪審に反トラスト法違反で起訴され、後に500万ドルの罰金を支払う

2001年7月	欧州委員会は東海カーボン、昭和電工、エスイーシー、日本カーボンを含む日米独8社ににに黒鉛電極の価格カルテルを結んでいたとして総額2億1900万ユーロ（約237億円）の課徴金を命令。
2001年8月	米国三菱自動車の工場の元従業員5人が年齢・人種差別による不当解雇されたと提訴
2001年8月	アメリカ司法省に対し味の素は核酸系調味料ヌクレオチドの価格カルテルで600万ドル（約7億2千万円）の罰金を支払う
2001年10月	武田薬品工業は50％出資の米合弁会社による前立腺がん治療薬リュープリンの不正販売の疑いに関してアメリカ司法省と総額8億7500万ドル（約1050億円）の和解金を支払うと発表。
2001年10月	欧州委員会は藤沢薬品工業に洗浄用工業薬品グルコン酸ナトリウムの販売にカルテルを結んだとして約360万ユーロ（約4億円）の課徴金の命令。98年にアメリカ司法省に同様の罰金26億円支払う。
2001年11月	欧州委員会は武田薬品工業、第一製薬、エーザイにビタミン製品販売で国際カルテル行為で総額7,368億ユーロ（約79億円）の罰金を命令。
2002年7月	三井物産　国後島発電所入札をめぐって他社と談合、部長ら業務妨害容疑で、予定価格を漏洩した外務省課長補佐と合わせて逮捕
2002年1月	伊藤忠商事　中国原子力発電所建設に絡み、情報提供料として香港の代理店に支払った約4億円に対して交際費と認定し追徴課税
2002年8月	三井物産　ODAによるモンゴルへのディーゼル発電施設供与事業における談合疑惑。モンゴル政府高官への贈賄疑惑については少額のため立件見送り
2002年9月	丸紅　出向社員の給与補填やナイジェリアへの印刷機械を輸出した際の現地代理店への手数料などをめぐって2001年までの4年間に計18億円の所得隠しの指摘を受け約12億円の追徴課税
2002年12月	欧州委員会は東海カーボンに黒鉛販売の価格カルテルをめぐり課徴金を命令。欧州裁判所に不服申し立てをしたが2005年9億3100万円（697万ユーロ）を支払った。
2002年12月	欧州委員会は化学調味料の価格カルテルに加わったとして味の素に1554万ユーロ（約19億円）の罰金の支払いを命令。武田薬品工業も関与したが、通知したため免除。
2003年5月	三井物産　過去5年間にODAに関わる工事受注のため同業他社に約3億8千万円の資金提供。所得隠しと認定され約1億5千万円の追徴課税
2003年6月	セイシン企業、ミサイル開発に転用できる粉砕機を、イランに輸出
2003年10月	欧州委員会はドイツの旧ヘキスト、ダイセル化学工業、日本合成化学工業、上野製薬に対し、食品防腐剤ソルビン酸の価格カルテルで総額1億3800万ユーロの制裁金の支払いを命令。通報したチッソは完全免責。
2003年10月	ジパング、ミサイル発射台に転用可能な大型トレーラーを北朝鮮に輸出。

2003年11月	三井物産、飼料添加物用ビタミン剤の販売での価格カルテル訴訟（米ワシントン連邦地裁）に対し、違反事実はないとしながら高額の訴訟費用などを考慮し和解。
2003年11月	明伸、核開発などに転用できる直流安定化電源装置を北朝鮮に輸出。
2004年1月	アイ・ディー・サポート、核開発などに転用できる業務用洗濯機のインバーターを北朝鮮に輸出
2004年7月	大阪港埠頭ターミナルによる野菜の産地偽装が発覚
2004年9月	三井物産が欧州の関連会社社員による巨額横領事件を公表
2005年6月	輸入豚肉の関税法違反で、大手食肉加工メーカー「伊藤ハム」と食品輸入会社2社が起訴
2006年1月	ヤマハ発動機、軍事転用できる無人ヘリコプターを中国に輸出。
2006年1月	輸入豚肉の差額関税脱税事件で横浜税関は食肉仲買業「イーエスエス・フード・ジャパン」社長、通関業者ら計7人と、法人としての両社を横浜地検に告発
2006年5月	北米トヨタ自動車の社長兼最高経営者が元秘書からセクハラを受けたとの提訴により辞任し、後に和解。
2006年8月	精密測定機器メーカーミツトヨは過去10年約1万台に上る核開発に転用可能な3次元測定器を「低性能」と偽り輸出し、社長らを外為法違反で逮捕。
2006年8月	明昌洋行、生物兵器製造に転用できる凍結乾燥機を北朝鮮に輸出。
2007年1月	欧州委員会は三菱電機、日立製作所、東芝を含む日欧10社に送電設備で国際カルテルを結んでいたとして、総額7億5千万ユーロ（約1200億円）の制裁金を命令
2007年2月	欧州委員会は三菱電機の欧州グループ会社を含む日米欧のエレベーター5社に価格カルテルを結んでいたとして総額9億9200万ユーロ（約1600億円）の制裁金を命令

注：日本経済新聞、日経産業新聞、朝日新聞、読売新聞、毎日新聞、神戸新聞などより作成

第7章

環境問題への自主取り組み・情報公開と企業倫理

1. はじめに
　　——企業は「どう利益をあげるか」が問われる時代に——

　本書の第1章で梅津光弘は、企業倫理は「企業不祥事」に端を発する対応ではあるものの、事後的な「不祥事」対応の危機管理ではなくより根本的な事象の倫理的価値判断を下すことを主目的とし、そこから原因追及を行なったり、同様の事件の再発防止、あるいは非倫理的行為そのものの根絶などをめざす実践的、制度的施策の構築などをふくむ営みであると述べている。そしてアメリカで起きつつある企業倫理の実践という21世紀の企業経営をめぐる根本的な価値尺度の転換の背景には、高い教育水準と価値観をもった市民社会が、企業の価値を経済的な側面のみならず、倫理や社会貢献、環境保護などをふくめた総合的な評価基準から評価するようになってきたことがあるとも指摘した[1]。本章では、環境問題と企業倫理の関係についてとりあげる。

　1992年以来、国内外の環境関連の法整備の充実もすすみ[2]、企業の環境問題への取り組みはますます本格化・多様化してきている。筆者は以下の3つの理由から、環境対策は企業倫理の一環として取り組むべきと考えてきた[3]。

(1) 環境問題も数ある企業の倫理的課題事項のひとつである。それら課題事項の共通点に着目し、諸問題に同じ論理で体系的かつ継続的に対処することが必要である。

(2) 環境対策には企業のなかの科学技術者の果たす役割が大きい。雇用者としての科学技術者の責務(広くは専門職被用者の倫理)を尊重するという難題自体が企業にとっての課題事項であり、企業内部での対応としては、企業倫理の範疇で取り扱うのが適当である。

(3) 時空間スケールが大きくかつ不確実性の高い地球環境問題へも、企業倫理では予防的に取り組むことが望める。環境問題の解決法として昨今増えてきた各種自主取り組みも、企業倫理の実現の一環として捉えることにより形骸化を防げる可能性がある。

今回は上記のうち(3)の自主取り組みの問題を、情報公開と併せて考察する[4]。ISO (International Organization for Standardization ; 国際標準化機構) 14001などの環境マネジメントシステムへの自主取り組みは最近日本で広がりをみせ、同時にそれらが形骸化することによる実効性や信憑性への疑問などの問題点も明らかになってきた。しかし、それらは、環境に負荷をかける諸プロセスを他者よりもよく知り得る当事者によるものであるが故有効に機能さえすれば法規制の遵守以上の、かつ効率的・継続的な取り組みが期待でき、絶対的な環境基準でないという点を補っても余りある成果を発揮しうる。一方、社会の環境対策における企業の役割はますます高まり、企業に対しては利益の大きさだけでなく、どう利益をあげるかが問われる時代になり、情報公開の重要性が大きくなってきた。よって環境問題への自主取り組みと、関連した情報公開について検討することは意味があると考える。

本章では以下、第2節で環境対策がなぜ二の次になるか、およびそこからの脱却の糸口を述べ、第3節ではISO14001を例に自主取り組み・情報公開と企業倫理の関係について考察し、4節では情報公開を活用した環境問題との新しい付き合い方を提案する。

2. 環境対策が二の次になる2つの理由

2-1. 認識できる範囲と影響を及ぼす範囲の乖離

近代化とともに行動範囲が広がったとはいえ、人が五感で環境を認識でき

る範囲には限界がある。ここでいう環境の認識は、景観だけでなく空気、水、地面、植生、他の生物……といった人をとりまくものの状態あるいは状態の変化を体が感知し、意識することをさす。環境を意識するにいたるまでに、五感がこれらに反応するためにある一定の時間が必要なことを思えば、ごく一般的な生活者が環境を認識できる範囲に、さほどの広さは望めない。しかし、こと先進国においては、高度な消費生活をおくることにより、影響範囲は想像を超えるほど広がりつつある[5]。影響が無意識のうちにグローバル化かつ複雑化してしまい、自分の1日の行動がどこでどれだけ環境負荷を及ぼしているのか、推定することすらおぼつかない。このような、認識できる範囲と影響を及ぼす範囲の乖離、つまりは自らの環境影響を認識できないことは、鬼頭秀一のいうところの「切れた」状態をさし[6]、環境への配慮がなされにくいことにつながっていく。

中村瑞穂はかつての日本における公害激化の要因のひとつを、専門経営者による経営の非人間化に求めているが、その際に、生産の集中ならびに集積の進行にともない生産現場の所在する地域と経営者の居住する地域社会との遠隔化・隔絶化が進行することを指摘している[7]。東京に本社のあるチッソの経営者が、水俣でも周縁部にあった漁村と人間的なつながりをもつことがあれば、水俣病の被害者たちが水銀中毒になるだけでなく、生活の場である海を奪われ、コミュニティまでをも寸断されることはなかったのではないかと思わされる[8]。

認識できる範囲と影響を及ぼす範囲の乖離は、空間スケールだけでなく、時間スケールにも当てはまる。数百年はもちろん、自分が生きている可能性の高い数十年後のことさえ、将来について意識することは容易ではない。たとえば現在人類が広く利用しているフッ素化合物は強力な温室効果ガスであるが、その大気中での寿命は長く、今後数千年から数万年にわたって気候に何らかの影響を及ぼし続けると考えられている[9]。逆に、現在日本人の体内にふくまれるダイオキシンは1970年代まで使われていた水田除草剤の影響と考えられており、過去の負の遺産をうけ継いでいることになる[10]。

環境への配慮である環境対策は、当事者意識をもって環境負荷を認識すること、つまり現象を見据え、自分自身とのつながりのあるものとして理解することからはじまる。このことの根本的な欠落こそが、環境対策が二の次になる理由であると筆者は感じている。環境破壊が人類を滅ぼすと繰り返し脅されようと、認識できないでいると、やがて聞き慣れてしまう。認識ができないために、思考がそこで停止してしまう。ではなぜ認識ができないのだろうか。私たちの自然のしくみの理解が断片的であることももちろんあるが[11]、複雑化した社会システムのなかでは、限られた情報から自らの行為が及ぼす環境への影響を把握することが困難だからである。環境への影響の把握がなされないと、人間に与えられた想像力や、知ろうとする努力を活用して環境配慮につなげていくこともむずかしい。この事態を改善する鍵は、環境報告書のような、近年開示がすすむ環境情報にあると考える。

2-2. 環境破壊を引き起こす社会システム

1980年代末からその存在が広く知られるようになった地球環境問題の多くは、地球温暖化やオゾン層の破壊のように、海を越え世代を越えて影響力をもつ。これらは現象そのものが実感されにくいがゆえに、規制を導入する際しばしば問題が規制を進める側によって単純化・誇張・ときに脅しに近い手法で人々に伝えられてきたという経緯がある[12]。一方、なかには実感しやすいために認識がさほどむずかしくない環境問題もある。公害や身近な自然破壊など、比較的時空間スケールの小さい現象がそれにあたる。

では、環境負荷を認識できたとしてもなお、環境対策を二の次にしてしまうのは、何故だろうか。環境対策を行なうのに越したことはないが、そのために何かを犠牲に、たとえば便利さや安さを犠牲にするとなると私たちは二の足を踏んでしまう。そもそも何かを犠牲にしてまで自然を守らなくてはいけない理由を挙げるのは、実は容易でない。人間のため、自然のためなど、議論はたくさんあるが[13]、万人が納得できる環境保護の理由は、あるようでない。また、途上国では「貧しさゆえに」、先進国では「豊かさゆえに」環

境破壊がおきるといわれるように、既存の社会システムに発生の要因がある場合、それを飛び越えて、有効な環境対策を実施することはできない。

　たとえば種の多様性の喪失を防ぐためには、多様性の高い熱帯雨林での伐採を止めればいい。しかし貧困にあえぎ、日々の生活のために伐採を行なう現地の人々に、それをやめさせることは、今現在できていない。「豊かさを享受する先進国の人間に、アマゾンの熱帯雨林を守れという権利はない」というような現地からの反論に応えることは容易ではない。

　一方先進国では、経済成長と引き換えに自然破壊がすすんできた。この拡大成長のシステムに取り込まれてしまうと、豊かで便利な暮らしを享受する限り、自然破壊を食い止めるよう社会にはたらきかけることが心理的にも難しくなる[14]。実はそこに落とし穴がある。社会のなかで、人々にとって便利あるいは豊かになるための（企業にとっては利潤をあげるための）、最も合理的な方法しか選択されず、たとえば若干の不便さを我慢することで、環境負荷のより小さい暮らしをするといった他の選択肢がないかのようにみえる。

　わが国では発展を優先するために自然を守ることを諦め、身近な自然が失われても目をつぶることに慣れすぎてしまった。その結果が改造されて分断された日本の自然である[15]。ダメージとベネフィットを天秤にかけてはきたのだろうが、短期的なベネフィットを重んじ、長期的なダメージには目を向けてこなかったことは明らかである[16]。たとえば、100万kWの原発1基を1日運転すると、数万年も無害化しない原発の高レベル放射性廃棄物が、広島原爆の約3発分も炉心にたまると聞いて仰天しても、すでに電力の4割近くを原発に依存しているから止めたら日常生活に多大な影響が出ると言われれば、この快適さを捨てられず黙ってしまうほかないといった具合である。

　科学技術はもともと人間中心主義から生まれたもので、これを使いながら自然を主体にはしていけず、また極端な脱人間中心主義的主張には無理がある[17]。しかし1か0かではなく、より環境負荷の小さな方法を選択することはできるはずだ。人と自然、あるいは社会と自然の関係に関心をもち、そのありように働きかけることでそれが実現できる。そのきっかけが情報公開に

ある。1998年にはわが国でも情報公開法が成立し、第4節で述べるように、社会のなかにも新しい流れがでてきている。

以上をまとめると、筆者が考える環境保護が二の次になる理由は、個々の人間が与える環境への影響が認識しづらいことと、環境破壊を容認してしまう既存の社会システムからの脱却がむずかしいことにある。これらを克服して他の選択肢を見い出すために重要な、環境情報開示について考えていく。

3. 自主取り組みと環境情報開示

3-1. 変わる環境対策：規制から自主取り組みへ

高度成長期の産業公害から、1970年代には大量消費生活による生活公害、1980年代には地球環境問題へと、発生あるいは認識される環境問題の多様化がすすんだ。それにともない、1967年に制定された公害対策基本法のもとで行なわれてきた、特定の環境汚染行為防止のための企業に対する直接規制の効果に限界がみえてきた。これをうけ、1993年に公害に加えて広く環境保全上の支障や自然保護を対象とする、環境基本法が制定された。1990年代以来、新法制定や法改正により、新しい環境規制ができ、環境情報開示への誘導も次々となされている。また各種組織における環境管理の国際規格 ISO14001 取得といった、新しい取り組みも浸透した。このような、環境問題に関する状況の昨今の変化は、企業にどのような影響を及ぼすのだろうか。

まず、規制の強化により新たに負担が生じるのみならず（たとえばリサイクル費用、廃棄物処理費用、ダイオキシン対策費用）、地下水汚染、土壌汚染などが顕在化した際の対応の負担が大きくなった[18]。また、競争原理が取り入れられた改正省エネ法では、特定機器について製品の省エネ能力の公開が義務づけられ、差別化の対象になった。消費者の環境意識がさらに高まりをみせたことや、環境対策が投資家や金融機関の評価の対象になる動きもはじまり、企業が環境対策に取り組むインセンティブはますます高まった。さらに、ダイオキシンや環境ホルモン問題のように、企業が法令遵守をしていてもなお、不買運動などの対象となることも起き、このような事態に備える

リスクマネジメントをふくめた包括的な環境対策が、今や企業の存続にかかわるといっても過言ではない。

環境基本法以降、規制の手法の中心が直接規制から自主取り組みへの誘導へと変わった。直接規制がエンドオブパイプといわれる排出規制であるのに対して、自主取り組みは第4節で述べるPRTR (Pollutant Release and Transfer Register；化学物質排出移動量届出制度) のように生産工程すべての全面的な見直しを求め、より抜本的な環境負荷の低減をめざすものである。このような見直しは企業が自ら取り組むより方法がない類のもので、全体に一律の規制をかけるよりも効率が高いことが特徴である。行政による規制のみならず、環境対策への取り組み自体が自主的なものが増え、その評価も環境報告書の発行のように自主的に行なう情報公開の内容に対してなされることが多くなってきた。ここでは、企業による自主取り組みについて、ISO14001を例として述べる。

3-2. 環境マネジメントシステム ISO14001

スイスに本部を置くNGOであるISOは、国際貿易の円滑化・促進のため、国際規格の制定を行なう機関として1947年に設立された。ISO14001は1992年の地球サミットをきっかけに、持続可能な開発のための産業人会議 (Business Council for Sustainable Development: BCSD) の要請をうけてISOが作った環境マネジメントシステム (Environment Management System: EMS) に関する国際規格で、1996年に発行された。欧米の環境対策に先進的な企業が中心となり、産業界自らが企業の自主取り組みを促す規格を利用して、「持続可能な発展」の産業界への浸透をはかった。

ISOによると2004年末でISO14001の登録件数は、127カ国・地域から9万569件の登録報告があった。前年より2万4499件の伸びを示す。ちなみにトップは日本で1万9584件と2位中国の8862件を大きく引き離し、これにスペイン、イギリス、イタリア、アメリカ、ドイツと続く[19]。日本での取得は当初欧米との取引のある大企業が中心であったが、現在では中小企業や自治

第7章　環境問題への自主取り組み・情報公開と企業倫理　　143

体、病院、教育機関などにも広がってきた。1NGOの作った外部規格に自主的に準拠し、認証を取得する組織が増え続ける背景には、冒頭にあるように市民社会の組織（企業）への評価基準に環境保護がふくまれるようになったこともあると考えられる[20]。多岐の業種にわたる世界中のさまざまな組織が、このEMSを導入していることからわかるように、ISO14001はかなり汎用性が高い。つまり枠組みはあるものの、運用の自由度が大きく、環境負荷が継続的に低減されさえすれば、低減の度合いである数値は問われない。よって、運用次第で効果には大きな差が出る。

　ISO14001の特色を理解するために、以下、規格の第4番目の項目である環境マネジメントシステム要求事項を概観する[21]。ISO14001が、組織ごとに目標を設定して環境負荷の低減をはかり続けるための、きわめてカスタマイズされたシステムになることがわかる。システムの運用次第で効果に差が出るという点に着目し、形骸化させない方策を検討することでそのあり方を考える[22]。

　まず大枠だが、経営トップによる環境方針の設定ののち、PDCAサイクル、つまり計画（Plan）、実施および運用（Do）、点検および是正措置（Check）、経営層による見直し（Action）のサイクルをまわしながら、継続的改善をめざす。規格の対象は、環境の継続改善を実施するためのマネジメントシステムであり、規格の要求事項を満足していれば、審査登録機関からそのシステムに対して認証が与えられる仕組みになっている。認証は一度取れば終わりではなく、たとえば1年ごとにサーベイランスをうけ、3年後には再登録があり、という具合に継続性が求められ、その都度費用も発生する。審査登録機関から不適合とみなされると、認証が取り消される場合もある。以下、いくつかの項目を抜粋し、部分的にまとめて述べる。

4.2　環境方針

　トップが環境対策に関する方針を決め、内外に公表する。トップが認証取得を通して目ざすものが、構成員の環境意識の向上と環境負荷の低減にあるのか、あるいは単にイメージ向上のための「看板」あるいは「お墨付き」を求めるの

かが、形骸化するかどうかの分かれ目になる。ISO14001担当者任せにせず、あくまでもトップ自らがISO14001を理解し、導入目的を明確にする必要がある。

4.3 計画 Plan

　計画の際に、対象とする範囲などは組織が自由に決定できる。よって着手しやすいところからはじめることが可能であるが、それにとどまらずに改善を続けることが重要である。審査の直接対象になる部門への運用のみに終始して、全社的には行なわないか、あるいは審査対象外の部門のみならず将来的には関連企業にまで範囲を広げていけるかでISO14001の導入の効果がまったく異なる。

環境側面：

　ISO14001は一言でいうと、環境に関して自らのもつ影響を知り、改善を続けることである。よって、すべては自らの環境への影響（環境側面）を把握することから始まる。環境への影響とは、すでに存在するものと将来顕在化する可能性のあるものの双方をさす。組織も社会も変わり続けることもあり、組織の活動が多岐にわたるほど、影響の把握はむずかしくなるため、完璧さを求めるのは無理と言っても過言ではない。通常、紙、水・エネルギー、廃棄物などが最低限の対象となるが、組織の活動全般を見渡すことで、さらに対象が広がっていく。正の環境側面を見出すという作業も、ここに該当する。

法的及びその他の要求事項：

　法律及び、利害関係者との指針、協定、同意事項などの遵守がなされているかを確認する。とくに、罰則のない法規制ももらさず倫理的に遵守しているか、法の解釈が法の趣旨に沿っているかなどにより、運用に差が出る。

目的、目標及び実施計画：

　環境方針に沿った独自の目標をたてて、環境への影響を管理する手段を具体的に決めて行く。実施計画が現状と乖離すると形骸化につながるので、まずは正確な現状把握が不可欠である。小さな目標達成に終始するか、大きな目標達成にむけて試行錯誤するかで成果に差が出るので、中期目標や長期目標をバランスよく定めて、日程や数値目標を盛り込むような工夫が必要である。

4.4 実施及び運用 Do

　体制及び責任：実施のために体制をつくり、責任者を定め、各自の役割を認識させる。大きな組織では専任者や部署が置かれるが、小さな組織では兼任になる場合が多い。担当者の数や部署の大きさも無関係ではないが、ISO14001の体制が経営そのものとどの程度統合されているかの方が、推進力に大きな影響を及ぼしうる。能力と発言力のあるISO14001の担当者、内部監査員の人選も重要である。

訓練、自覚及び能力：
　ISO14001はトップダウンで全員参加というかたちをとるので、構成員すべての理解と自覚を促す環境教育は重要度が高い。意識が低いと、運用のための作業への理解が得られず（余分な仕事が増えたという反応が出る）成果が出しにくいため、構成員の参加を評価するしくみも有効であろう。
　構成員は環境保全に対して、共通だが差異のある責任がある。とくに環境への影響の大きい作業にあたる現場の従事者は大きな責任を負うため、当該者への技術的訓練および専門職の倫理に関する研修は、環境負荷の低減の核となる。
コミュニケーション：
　現行のISO14001の規程には、結果の公開義務はない。しかし公開するか否かに関わらず、いわゆる環境報告書の内容に該当する文書は作成される。このコミュニケーションの項目における環境情報の扱いは非常に重要になるので(3)において別途述べる。コミュニケーションの対象は、組織内外の利害関係者と捉え、外部からの求めに応じた情報開示の方法などを、検討する必要もある。内部に対してもISO14001自体の周知のほか、結果（監視・測定や監査）を示すことは不可欠で、意見交換や価値共有を通してISO14001への全員参加を促す役割がある。
文書類：
　ISO14001は決めたことを文書化して運用するという手順を踏むため、規程が要求する文書化の作業は非常に多い。システムの運用状況が定期的に記録されるため、審査はこの書類が主な対象になる。形骸化を防ぐためには、実務と文書の整合性を確保することが重要である。文書の偽造が形骸化の最たる症状である。EMSを運用するために必要最低限の文書を正確に作成するというコンセプトで、何を文書化するかを熟考する必要がある。環境方針のもとで系統的に作成された関連文書が管理され保存されることは、大きな意義がある。
運用管理：
　目的、目標を達成すべく、環境への影響を管理するための運用手順を確立・維持する。運用手順には具体的な運用基準（エアコンでいえば設定温度など）を明記する。4.3の実施計画と同様、現状把握を十分に行なうことが不可欠である。形骸化を防ぐためには無理・無駄がない手順の確立と、わかりやすい手順書の作成が重要である。
緊急事態への準備及び対応：
　火災など最低限の事態への対応の検討にとどめることもできるが、天災、事故からレピュテーショナルリスク（評判リスク）まで、環境に関する幅広いリ

スクマネジメントを一括して実施すれば、組織の潜在力を高めることにつながる。

4.5 　点検及び是正措置（Check）

監視及び測定：
　定期的に運用状況を監視し、記録する。測定機器は定期的に較正される必要がある。また、法律、その他要求事項の遵守を評価する。

不適合並びに是正処置及び予防処置：
　不適合（要求事項を満たしていないこと）の是正とは、不適合な状態の緩和、原因解明と対処をさす。上部に対して、不具合が報告しやすいしくみの確保が必須である。予防処置とは、あらかじめ不適合が発生することを予防することをさす。

記録：
　記録はシステム運用の結果を示すデータである。文書と異なり、見直しや改訂の対象にはならない。教育訓練記録や内部監査報告書、各種レビューの結果も含まれる。

環境マネジメントシステム監査：
　訓練をうけた内部監査員が運用の状況を監査する。外部審査のための形式を整えるのでなく、内容の充実をはかるのが目的である。形骸化を防ぐために最も重要な役割を担うため、内部監査員には、問題を指摘し、解決策を提示する能力が必要である。また現場では不適合を的確に指摘し、トップには不適合を率直に伝えることのできる人材であることが望ましいし、それを後押しするシステムにする必要がある。

4.6 　経営層による見直し
　内部監査の結果をうけ、トップがシステム全体の見直しを行なう。現場の意見がトップに直接届く貴重な機会でもある。構成員の意見がシステムへフィードバックされることが周知できれば、ISO14001への全員参加につながりやすく、形骸化を防ぐ有効な方策になる。

3-3. 環境情報開示

　前述したように、ISO14001の規定には結果の公開義務がない。システムの監査を認証登録機関からうけることで認証は得られるが、一歩進んで環境情報開示を自ら行なうことが重要なのは、正しい情報を自主的に組織内外に

第7章　環境問題への自主取り組み・情報公開と企業倫理　　147

対して公開していくことが、組織の透明性の確保や説明責任を果たすことにつながるからである[23]。環境報告書の発行による環境情報開示は大企業を中心に普及しつつあり、ISO14001認証取得組織の多くが環境報告書を発行している。環境報告書の作成はISO14001と同様に自主的に取り組まれているものであるが、一番の問題点が比較可能性と信頼性の確保にあるとされ、第三者機関による審査の利用も増えてきた。とはいえ、ほとんどの企業が財務監査と環境報告書の保障を同一の監査法人グループに委託している現状[24]からみても、ISOと同様に、第三者機関の審査の質、たとえば「審査の能力があるか」、審査機関が関連業界の外部機関である場合も少なくないために「公正であるか」、などにも問題が残る。比較可能性については、環境省の環境報告書ガイドラインや最終章で中村が紹介している「GRI」の「持続可能性報告ガイドライン」[25]に沿ったかたちでの情報公開がすすんでいる。いずれにしても、組織にとって都合のよい情報開示にならないための信頼性の確保が重要な課題になる。

3-4. システムの形骸化を防ぐために

　ISO14001では、認証取得の目的が環境負荷の低減ではなく、認証取得自体や定期的な外部審査をやり過ごすことになると、現状とISO14001の業務が乖離し形骸化が起きる。

　「マネジメントシステム」(management system: MS)の形を整えることが目的化すると、余分な文書、余分な手順、わかりにくいマニュアルが増えていく。トップは無関心で、担当者のみが認証取得に対応し、他の構成員からはMSの運用自体が余分な仕事とうけ止められる……、というようなことが起きていく。

　形骸化が起きると、外からはMSが機能しているようにみえるので問題発見が遅れ、担当者たちは審査用文書作成のむなしい作業を積み重ね、組織内部には体面さえつくろえばいいという風潮が浸透していく。組織にとって形骸化したシステムを抱えることは、悪性の病を放置するようなもので弊害が

大きい。

　ISO14001の場合、トップがISO14001を経営ツールとして使いこなし、認証取得は結果としてついてくるものでないと本末転倒になり、コストだけがかかる。そのためにも、組織のMSは一本化されるのが望ましい。一本化の方策としては、自社のMSにISO14001を組み込む、自社のMSをISO14001にあわせる、などがあるが、MSは品質、情報セキュリティ、食品安全、労働安全衛生、……と多岐にわたり、ひとつの組織で複数のMSを導入する必要がある場合も少なくない。筆者は、冒頭にも触れたように、企業倫理に関する企業内制度を最上位にすえ、それにより各種のMSを組み込んで作ったひとつのPDCAサイクルを運用することを提案する。これまでみたように、ISOのシステムは自由度が大きいので組み込みは可能だし、ISO14001の序文にもISO14001が他のMSと共通項をたくさんもつので、各項目が独立に設定される必要のないことが述べられている。

　企業倫理に関する企業内制度を最上位に位置づけるメリットは、梅津が述べるように「ビジネス倫理の企業内制度が、既存の法制度およびそれを超える倫理観、価値観を重視する点」にある。また「企業を取り巻くあらゆる利害関係者に対する責任を優先的に捉え、株主に対する説明責任はそうした包括的な企業社会責任の一部として考える立場をとる」[26]ことも重要である。積極的な自主取り組みや、情報開示に不可欠な誠実さを確保するためには、企業倫理の制度の下にすべてのMSを包括するのが現時点で最良のアプローチであろう。また、これまでみてきた、ISO14001の項目を満たすうえで重要なポイントであった、「不具合を上部に報告する」「専門職の倫理を守る」「外部審査員に公正な情報（文書など）を提供する」「正しい情報開示を行なう」などは、企業倫理がすでに課題事項として取り組んできたものである。企業倫理の制度のもとでこれらMSが順調に機能し、それが組織内外に認められれば、ISOの場合、審査機関による外部認証を受け続けたり、環境報告書に監査法人による第三者意見書をつける必然性もなくなっていく。現に一部の組織では、外部審査を受けず（あるいは更新をせず）、自らの責任で

ISO の自己宣伝をする動きも出ている。

　付け加えると、企業倫理の制度自体は ISO が実施するような標準化の対象になる類のものではない。企業倫理の制度化は、組織内の MS の形骸化を防ぐべく、各組織に最もふさわしい価値観をもって取り組まれるべきものである。

3. 環境問題との新しい付き合い方

　情報公開が進むなか、さまざまな分野で行政——市民、大企業——消費者のあいだのパターナリスティックな関係が終わろうとしている[27]。環境の分野では、企業が加害者、住民が被害者という構図が鮮明だった産業公害の時代以来、"悪徳企業"と"住民（あるいは消費者）"のあいだで、「隠す―疑う」の悪循環が続き、健全なリスクコミュニケーションは成立しにくかった。環境ホルモン、ダイオキシンなどの一部の風評被害はそのようなところから起きた。しかし、たとえば1999年に制定された PRTR 法は、化学物質の情報公開を通じて、行政・企業・市民の三者がコミュニケーションをとりながら化学物質の危険を社会全体で低減していくという、まったく新しい道をめざしている。

　PRTR とは Pollutant Release and Transfer Register の略で、PRTR 法とは「特定化学物質の環境への排出量の把握等および管理の改善の促進に関する法律」をさす。企業が報告した自らの環境中への化学物質の発生量を、行政が社会の求めに応じて公開するという法律で、自主取り組みと情報公開をあわせた画期的なしくみである。日本ではまだ、公開された情報を市民が使いこなすまでにはいたっていないが[28]、アメリカでは、情報公開をすすめることで環境汚染物質の画期的な排出削減に成功した。周辺住民の監視の目を意識し、他社との競争も発生するし、排出量を減らすことによる資源調達と廃棄物処理コストが軽減されたことも指摘されている[29]。情報の提供者である企業は自らの環境負荷を知り、市民は情報を利用することですすむ対策で、相互作用が重要である。化学物質に対する理解も深まり、やみくもにリスク

ゼロを求めることよりも、バランスよく社会全体の環境リスクを小さくしていくための健全な対策がとられることも期待できる[30]。

ここで不可欠なのは環境情報を開示する側、利用する側双方の誠実さ・公正さであり、環境負荷の低減をめざした協力体制を作っていくことである。開示の進む環境情報の利用によって、認識できる範囲と影響を及ぼす範囲の乖離を最小化し、「切れた」状態を「つなげて」いくことで、市民が環境負荷を低減するような生き方の選択の幅を広げることが可能になる。企業倫理の実践という企業経営をめぐる価値転換は、人類の抱える環境問題の解決にも新たな地平を開くかもしれない。

注
1 　梅津光弘 本書第1章「企業経営をめぐる価値転換」pp.1-6。
2 　日本の公害法制は1970年の「公害国会」で公害対策基本法改正をふくめて1度に14法が制定または改正されたことで大きく前進した。その次に環境関連の法規制が相次ぎ制定されたのは、国際的には1992年の地球サミット以降、国内では1993年の環境対策基本法の制定以降で、とくに1996年から現在（2006年8月）までには、環境影響評価法、ダイオキシン類対策特別措置法、PRTR法、循環型社会形成推進基本法、フロン類回収破壊法、土壌汚染対策法、廃棄物処理法一部改正法、化審法一部改正法、アスベスト健康被害救済法など重要な法律がいくつも制定または改正された。
3 　篠田由紀「企業倫理と環境対策―企業倫理の一環として環境対策を行うことの有効性について―」『明大商学論叢』第83巻第2号、2001年、pp.245-261。
4 　専門職の倫理については本書第5章「企業における専門職の倫理」（山口厚江）を参照されたい。
5 　鈴木孝夫『人にはどれだけの物が必要か』中公文庫、1999年、pp.100-101。
6 　鬼頭秀一『自然保護を問い直す―環境倫理とネットワーク―』ちくま新書、1996年、pp.126-141。
7 　中村瑞穂「公害問題と株式会社制度」『武蔵大学論集』第20巻第4・5・6号、1973年2月、pp.29-45。
8 　たとえば緒方正人『チッソは私であった』葦書房、2001年。
9 　IPCC "Climate Change 2001― The Scientific Basis ―" Cambridge, 2001, p.47.
10 　中西準子『環境リスク学―不安の海の羅針盤―』日本評論社、2004年、pp.54-64。

11　たとえばDDTにしてもフロンにしても環境残留性とその危険性の高さに気付かずに便利な化学物質として多用していた。
12　篠田由紀「地球環境問題史―成層圏オゾンの破壊と地球温暖化にみるその特性―」『図書の譜―明治大学図書館紀要』第2号、1998年3月、pp. 148-160。
13　たとえば鬼頭、前掲書、pp. 30-114。
14　緒方、前掲書、p.66。
15　1960年は78％あった推定自然海岸率は第4回自然環境保全基礎調査（平成5年度）による自然海岸の構成比率は、全国平均55.2％にまで減っている。
16　わが国では環境アセスメント法案が1977年以来繰り返し廃案になり、成立したのは1997年になってからである。
17　鬼頭、前掲書、p.113。
18　とくに過去に法令違反がなくとも、土壌汚染発覚時には、汚染者に浄化の義務が課せられるようになった。
19　The ISO Survey 2004, http://www.iso.org/iso/en/prods-services/otherpubs/pdf/survey2004.pdf
20　認証取得のためには諸経費（コンサルタント費、登録費、人件費、設備投資費など）がかかる。当初ISO14001は経営の無駄を見直すことでコストダウンになるという説もあったが、認証にかかる費用の方が大きい例が殆どである。このコストや体制の整備が中小企業には大きな負担になることが、ISO14001の浸透を阻んでいるといわれてきた。それでも認証取得が増加し続けるのは、短期的でなく長期的評価を維持するための必要なコストと認識されるようになったからと推察される。
21　イーエムエスジャパン編『Q＆Aでよくわかる ISO14001規格の読み方』日刊工業新聞社、2002年。
22　筆者は2005～2006年度にODAの一環として、ある途上国の形骸化した気象観測システムの見直しに取り組んだ。ここではその経験を元にISO14001の形骸化を防ぐ方策を考察する。
23　国内のISO14001の取得数が急増したことで、取得しただけでは差別化がはかれなくなりつつある。むしろ情報公開による組織の透明性や、説明責任が注目されるようになってきた。
24　國部克彦・平山健次郎編『日本企業の環境報告―問い直される情報開示の意義―』財団法人省エネルギーセンター、2004年、p.101。
25　本書第8章「GRI」の「持続可能性報告ガイドライン」（中村瑞穂著）、pp. 167-169。
26　梅津光弘『ビジネスの倫理学』丸善、2002年、pp. 128-139。

27 たとえば防災の面では近年火山や地震、洪水などのハザードマップが自治体から公表されるようになった。
28 PRTRデータの情報提供は神奈川県が先進的に実施している。
   かながわPRTR情報室　http://www.k-erc.pref.kanagawa.jp/prtr/
   アメリカではEnvironmental Defense FundというNGOのHPが充実しており、郵便番号を入力すると近隣の工場の化学物質の排出情報が得られる。
   http://www.scorecard.org/
29 神戸環境フォーラム編著『PRTR法は企業と社会をどう変えるか―環境情報公開の新局面―』マイガイア　エコムック、2000年、p.61。
30 中西準子は、化学物質との付き合い方について次のように述べている。
   「ある化学物質の排出量の科学的な意味、つまりリスク評価のプロセスと結果を企業、近隣住民、社会で共有できることが重要です。それがないと、ある物質のリスクが大きいという判断はうわさや風評に支配され、本当に削減すべき物質が削減されず、実は大きな影響がない物質がやり玉に上げられて、それが企業の環境対策の中心にならざるをえないということもあります。こういうことに資金が使われることは、大競争時代と言われる現在の状況では、日本企業の国際競争力を低下させるだけでなく、実は資源のむだ遣いという点で地球環境問題を大きくする要因にもなるのです。」
   出典：参議院会議録情報第145回国会国土・環境委員会第20号平成11年6月10日。

第8章

企業倫理と"CSR"

1. はじめに："CSRブーム"？

「企業の社会的責任」を意味するいくつかの英語表現のうちで近年、多用されることとなっている用語は"corporate social responsibility"で、その略語としての"CSR"が、21世紀に入り数年を経た日本において急速に普及し、流行語の観すら呈するにいたっている。"CSR"を主題とする多数の出版、関係各界での各種のイベント企画などがあいつぎ、"CSRブーム"との表現すら、当然のごとくにうけとめられたうえに、"CSRビジネス"、さらには"CSR特需"といった言葉までも見聞きするにいたっている。

「企業の社会的責任」と並んで"CSR"の語が使用されるにいたった推移の一端を新聞での取り扱い記事件数図表8-1にみることができる。

「企業の社会的責任」が広範な論議の主題とされ、それとともに"CSR"

●図表8-1 「企業の社会的責任」および「CSR」取扱い記事件数[1]

	「企業の社会的責任」	「CSR」
1999年	34	1
2000年	41	6
01年	49	3
02年	27	4
03年	105	29
04年	191	126
05年	235	190

対象：『朝日新聞』・『毎日新聞』・『読売新聞』・『産経新聞』各紙。

との表現も急速に普及することとなったのは、世紀の転換期における国際社会、そしてとくに欧州連合（European Union: EU）においてであったが、日本においてそれが広く社会的関心を引くこととなったのは2003年以後のことであった。

　CSR に対する日本での関心のこのように急速な増大の有力な契機となったものに2003年3月の社団法人経済同友会による『第15回企業白書・「市場の進化」と社会的責任経営―企業の信頼構築と持続的な価値創造に向けて―』の発表、さらには、その実践を促進するために開発された「企業評価基準」を用いて会員所属企業を対象に行なわれた調査結果の総括である『自己評価レポート2003―日本企業のCSR：現状と課題―』の2004年1月における公表があり、2003年は"日本におけるCSR元年"ともよばれるにいたっている[2]。

　しかし、CSRへの社会的関心の急速な増大をよび起こした最大の要因は、経済同友会の取り組みそのものをも緊急不可欠のものとして促した2つの動向であった。そのひとつが、企業による重大な不法ないし問題行為の頻発であり、その代表的な例がアメリカでいえば、最先端事業部門の急成長巨大企業であるエンロンおよびワールドコムの破綻をめぐる事件、そして日本では主要産業の伝統ある名門企業でのあいつぐ不正行為の発覚であることは、ただちに想起されるところであろう。そして、もうひとつの、より広範かつ長期的な影響をもたらしている要因は、現代の国際社会における深刻な諸問題への企業の積極的な対応を強く求める動きであり、それは西欧諸国、とりわけ欧州連合おいて顕著に見られた。

　1990年代半ば以降、グローバリゼーションのもたらす深刻な諸問題をめぐる国際的な論議が進展するなかで、それらの問題に関する企業の責任と、その解決のため企業に期待される役割とに関する積極的な主張がしだいに強まり、アナン事務総長の提唱に基づく2000年の国連における「グローバル・コンパクト」（Global Compact）［人権・労働・環境の3分野に関する9原則。2004年より10原則］の制定、2002年における欧州委員会の提言白書「企業の

社会的責任：持続可能な発展に対する企業の貢献」の公表などをはじめとして、CSRの実践に関する方針・原則・基準・具体的実践手法・そして評価手法などの確立と、その定着に向けての努力が各方面において積極的に展開されることとなった。

そのなかで注目すべきものに「持続可能な発展」（sustainable development）の意味する内容がある。周知のように「持続可能性」（sustainability）の概念は当初、主として環境問題との関連において用いられたのに対し、「持続可能な発展」は環境に加えて、貧困・失業・人権など、社会問題をもふくむ意味で用いられ、それを実現するうえでの重要な役割がとくに企業に対して期待されるとともに、その役割遂行のための具体的行動の内容がCSRとして提起されてきているのである。

CSRの観点からする企業業績の評価の最も基本的な視点として「経済・社会・環境」の3次元を設定し、「トリプル・ボトムライン」（triple bottom line）とよぶことが行なわれているのも、それに由来する。因みに「ボトムライン」（bottom line）は本来、損益計算書の「帳尻」に当たる。企業が伝統的な営業報告書に加えて「環境報告書」、さらに最近では「社会的責任報告書」あるいは「CSR報告書」を公表する事例が、日本でも急速に増えてきている。

しかし、「企業の社会的責任」あるいは"CSR"へのこのような広範な関心、さらには多様な取り組みの展開が「ブーム」、すなわち「急激にして、かつ一時的な活況、あるいは流行」と評価さるべき性格の事象なのであろうか。あらためての検討が求められていると思われる。

2.「CSR（企業の社会的責任）」の語義理解

"corporate social responsibility"の概念を正確に把握するうえに不可欠であるのは、"corporate"および"social"、そして"responsibility"のそれぞれの含意を厳密に確定することである。

まず最初に強く求められるのは、そこでの"corporation"の語の内包と

外延とをいかに規定するか、である。

　"corporation" の語の意味する内容の多様性を具体的に理解するために、それに対して通常、充てられる種々の日本語訳を便宜上、その外延の大小に従って、すなわち広義のものから狭義のものへの順を追って配列することを、ごく大雑把にではあるが試みるならば、次のようになるかと思われる。

「企業」／「大企業」／「法人企業」／「株式会社」／「巨大株式会社」／「大規模公開株式会社」

　"corporation" および "corporate" の語で表現される事項がこれらのうちのいずれを意味するかにより、問題の内容と性格が相当に異なったものとなることは、明らかであろう。たとえば、本書での論議の直接の対象ではないが、極めて関係の深い問題領域に例をとるならば、「企業統治」（corporate governance）の問題は、典型的には、上記の訳語群の最後に位置する、最狭義の外延を意味する「大規模公開株式会社」を対象とするものと考えられる。

　さらに、近年におけるCSR論議の国際的展開をとくに考慮に入れていうならば、うえでの最狭義に当たる「大規模公開株式会社」の次に、多国籍企業（multinational corporation）を位置づけ、上記の用語配列の末尾に［／「多国籍企業」］を追加するのも一案かもしれない。

　なお、ついでながら "corporation" そのものの歴史的かつ本源的な内容は、上記の訳語群のうちにあって最広義に位置する「企業」一般にも匹敵するかもしれない広範な対象を包含するものであった。すなわち、それは「法人」一般を意味するものであって、その存立目的並びに、その実現のための遂行業務が「営利」・「慈善」・「自治」・「医療」・「教育」「宗教」等々、いずれの性格のものであるとを問わなかったのである。思えば、時代の経過とともに "corporation" の名を、その一種である "business corporation" が「独占」するにいたったともいえるのであろうか。

　ひるがえって、今、ここでの問題はいうまでもなく、"CSR" の主体である "C" が上記の各種「企業」のうちのいずれの範疇に属するかにより、"CSR" の実現に向けてなさるべき活動の具体的内容が当然に、かつ最も基

第 8 章　企業倫理と"CSR"　157

●図表 8-2　企業と社会の関係様式

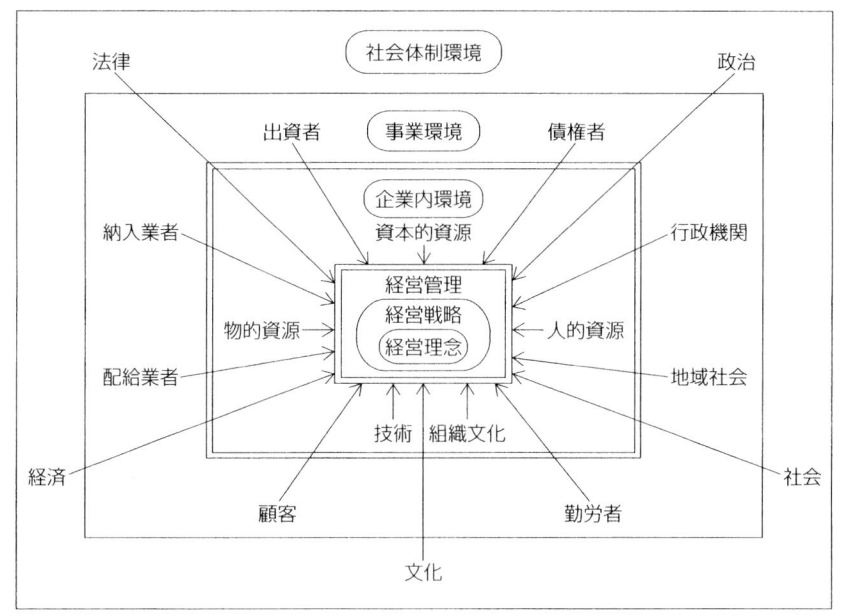

（図表：企業と社会の関係様式を示す入れ子構造の図。外側から「社会体制環境」、「事業環境」、「企業内環境」、中心に「経営管理／経営戦略／経営理念」。周囲に配置された要素：法律、政治、出資者、債権者、納入業者、資本的資源、行政機関、物的資源、人的資源、配給業者、経営理念、地域社会、経済、技術、組織文化、社会、顧客、勤労者、文化）

出所：中村瑞穂「企業と社会―関係様式の変遷―」作新学院大学経営学研究グループ『経営学―企業と経営の理論―』白桃書房、2003年、p. 6を一部修正。

本的に規定されることになるであろうということである。

　次に、"corporation"が"responsibility"（責任）を担う客体としての"society"（社会）については、便宜上、図表8-2の提示をもって説明に代えることとする。なお、現在、"CSR"の基本的内容の具体的理解において最も広く用いられるにいたっている"stakeholder"（利害関係者）の概念についても、その歴史的推移をはじめ、検討すべき問題は数多いが、ここではただ、図表中の「事業環境」の層に位置する主体群を意味するものと捉えることのみにとどめねばならない。

　そして最後に、"responsibility"に関しては、その具体的内容は"corporate"の含意する主体としての"corporation"と、"social"の含意する客体としての"society"の具体的構成諸要素（図表8-2参照）との関係様式を介して明らかとなるべきことがらであるので、ここではただ、その日

本語訳として最も一般に用いられる「責任」の語が、同じく訳語として充てられる他の英語表現のうち、とくに、ここでの論議との近接性の高い用語としての"liability"との間に存在する差異についてのみ確認しておくこととする。後者、すなわち"liability"は，その用例である"product liability"（製造物責任）、あるいは、会社企業における出資者の「責任」形態としての"unlimited liability"（無限責任）もしくは"limited liability"（有限責任）などに示されるように、損害賠償義務あるいは債務弁済義務などの狭義に限定された責務を意味するのに対し、"responsibility"ははるかに広範な内容を包括することのみを確認するにとどめることとする。

3.「企業の社会的責任」認識の発展経過

　「企業の社会的責任」を厳しく問い、その実現に向けて当の企業はもとより、それを求める社会の各層・各分野における実践への取り組みが展開されることとなったのが、ごく最近の現象にすぎないわけではけっしてない事実に十分な留意が必要である。国により、時代により、その具体的な展開様式には少なからぬ差異があるものの、その動きそのものはすでに相応の歴史をもって展開されてきているのである。

　「企業の社会的責任」が特定の企業家個人の信条・理念の表出形式としてではなく、主体・対象とも、まさに社会的な広がりを有する運動の形態をもって積極的に展開されることにおいて他の諸国に先行したのはアメリカであった。そこでは、経済・社会・政治・文化などにおける独自の歴史的個性のゆえもあって、企業と社会とのあいだの関係の複雑性がとくに鋭利かつ鮮烈な様相をもって表出される傾向がみられたからである。しかし、問題の本質は、ひとりアメリカ社会に限られたことがらではけっしてなく、現代の先進国社会に普遍的に存在する性格のものであるため、アメリカにおける歴史的経験の蓄積は他の諸国・社会に対して、単に先行的な事実というにとどまることなく、先導的な役割を果たしうるものでもあったとみることができる。

　「企業の社会的責任」に関する、そのような意味での現代的認識がアメリ

カにおいて明確な表現をもって提示されることとなったのは、1960年代後半から70年代初頭にかけてであったが、そこにはじまる問題への取組みの展開過程を、「社会的責任」として問われる具体的事項の基本的性格と、それに対応して求められる実践の具体的方式とにとくに注目しつつ、追跡することを試みたい。

3-1.「企業の社会的責任」の自覚とその体系的認識：1970年代初頭

　これに先立つ1960年代のアメリカ社会の特異な状況を"The Sixties"と表現することが行なわれたが、その様相をバックホルズ（Buchholz, R. A.）は次のように説明している。「1960年代の10年間は激烈な社会的変化の時代であり、その変化は企業に対し、その活動のほとんど全ての側面にわたって影響を及ぼした。少数民族の公民権、女性の対等の権利、自然環境の保護、そして広範囲におよぶ消費者問題—などへの関心の集中は、企業とその経営者に対しきわめて広範な、また長期にわたる強烈な影響を与え続けてきている。この社会的変化のもたらした長期的結果は、企業が活動を行なう際に期待される『ゲームのルール』（競技規則）の劇的な変化である」[3]。

　そのような状況のなかにあって、アメリカの企業および教育関係の指導的な地位にある人々、200人をもって構成される「経済開発委員会」（The Committee for Economic Development）では、その内部の専門委員会が5年間にわたり継続してきた検討の成果を集約した政策見解、『企業の社会的責任』（*The Social Responsibilities of Business Corporations*）[4]を1971年に公表した。その見解は、バックホルズが示したような当時の状況に現れた、企業に対する要求の範囲の急激な拡大傾向を「一時的な欲求不満や流行などではなく、強固で持続的な傾向であり、将来においても減衰するどころか、むしろ増大することが見込まれる」とうけ止め、それを「企業と社会とのあいだの契約条件」の重大な変更と捉えている。

　そして、その新しい「社会契約」（social contract）のもとでは、「企業の社会的責任」の内容は3種のものから成り、それらのあいだの関係は3個の

同心円をもって示されるという。中心から外側に向かって順に、次のようになる。

(1) 経済的機能の能率的遂行に関する責任（製品・雇用・経済成長など）
(2) 社会的な価値観・優先度などの変化に対する敏感な意識をもって業務を遂行する責任（環境保全・従業員の雇用条件や職場内関係・消費者関係の詳細な事項に関する配慮など）
(3) 社会環境の改善に対する積極的な取組みを行なう責任（とくに、貧困・都市環境の悪化など、社会問題の解決への協力）

がそれである。

「企業の社会的責任」の内容に関するこのような理解の基礎には、現代大企業の制度的構造ならびに行動原理に関する同委員会の基本的な見解がある。それによれば、企業は株式会社（corporation）の形態をとることにより、経済的規模・市場支配力・社会的影響力を拡大してきたが、それは同時に企業の制度的構造の発展過程でもあり、その到達点として現代大企業は「多元主義社会」(pluralistic society) の内にあって、社会を構成する諸個人や集団・組織体とのあいだでの相互作用関係を保持しつつ存在している、という。

その場合、関係の相手方当事者として、2つの類型が識別されている。

(1) 「構成参加者」(constituencies) ――従業員、株主、顧客および消費者、納入業者、地域社会住民。
(2) 「外縁社会」(the larger society) ――競合企業、労働組合、利益団体、(interest groups)、教育界、新聞・雑誌・その他のメディア、政府・行政機関（なお、ここでの「利益団体」の意味については「自然保護・雇用・その他の複雑微妙な領域で企業の行為をたえず監視し、時には企業行動に対する特定の変更を求めて運動をも行なう」との説明がとくに加えられている）。

現代社会における企業と社会との関係様式に関する経済開発委員会の以上のような理解のうちには、「企業の社会的責任」をめぐるその後の論議での「社会」の認識方法において枢要な位置を占めることとなる、「利害関係者」

(stakeholder) の概念の原型を見ることができる。

　経済開発委員会の報告書は最終的に、「企業の社会的責任」の具体的遂行のため企業がただちに取り組むべき活動の包括的なリストを提示しているが、それは前述のような新しい「社会契約」のもとでの「企業の社会的責任」を構成するとされた3種を基礎に、「10の主要分野」(ten major fields) を設定し、それらの分野ごとに、企業が実践すべき具体的活動の項目を掲げている。

　ここでは、それら10分野の名称と、それぞれにおいて掲げられた活動項目の件数のみを示すにとどめねばならない。

　①経済の成長と効率（6件）、②教育（7件）、③雇用および訓練（7件）、④公民権と機会均等（6件）、⑤都市の再開発（4件）、⑥環境対策（6件）、⑦自然保護とレクリエーション（5件）、⑧文化と芸術（4件）、⑨保健・医療（6件）、⑩対政府関係（7件）。

　以上、合計58件に及ぶ活動項目を提示することにより、同委員会は個々の企業に対し、各自が最も確実に実行できる諸活動を選択し、ただちにそれに取り組むべきことを訴えたのであった。

　しかし、「企業の社会的責任」に関するこのような先見的な洞察も、またその実践に対する先進的な取り組みの提唱も当時の状況にあってはなお、諸方面からの疑義の表明や批判の提起に直面することを免れうるものではなかった。その種の批判の代表的かつ典型的な主張を、フリードマン (Friedman, M.) の論稿に見ることができる。

　彼の主張の骨子はその表題に掲げられた「企業の社会的責任はその利潤の増大である」というもので、その論拠は、「自由企業・私有財産制度においては、企業経営者 (a corporate executive) は企業所有者の被用者 (an employee of the owners of the business) である。彼は自己の雇用主 (employers) に対し直接の責任を有する。……ただし、法のうちに具現化され、また倫理的慣習のうちに具現化されている、社会の基本的規則を守りながら——ではあるが……」[5]というものであった。

　なお、経済開発委員会のこの報告書は、かねて「経営者の社会的責任」を

標榜し、また同委員会と提携関係にもあった経済同友会の邦訳（1972年刊）によりいち早く紹介されたが、その後の日本企業の行動様式に対するその影響の最終的評価は、20年後の1992年に発表された盛田昭夫の論稿「"日本的経営"が危ない——"良いものを安く"が欧米に批判される理由」[6]のうちに端的に読みとることができる。

3-2.「社会的課題事項」と「企業の社会的即応性」：1970年代中葉

「企業の社会的責任」の基本的性格を確認し、その遂行のために必要とされる具体的諸事項を提示しようとする経済開発委員会の作業が進行する時期は、同時にアメリカにおける経営学の研究ならびに教育の領域における重要な変化の進行した時期でもあったばかりでなく、経済開発委員会の事業そのものが学界との緊密な連携のもとに可能となったものであった。

経営学の分野における当時の注目すべき変化は、企業の行動が社会に対して及ぼす多種多様な影響を詳細かつ厳密に分析・評価し、それに基づく企業活動の質的向上の実現を期待する志向の急速な高まりであった。その分野は「企業と社会とのあいだの関係」を意味する "business and society"（B＆S）、あるいは "social issues in management"（SIM）〈「経営における社会的課題事項」〉の名でよばれ、教育現場での学科目の名称や、したがってまた教科書的な概説書の題名としては前者が用いられるのに対し、研究分野の呼称としては後者がしばしば用いられる。後者はアメリカにおける経営学の最も中心的な学会である「アカデミー・オブ・マネジメント」（Academy of Management）に属する部会（division）のひとつの名称であり、その創立は1971年であった。

経営学のその分野における研究の進展とその蓄積は1970年代の半ばに至り、「企業の社会的責任」の具体的遂行状況の当時における到達水準を評価するひとつの研究成果を生み出した。アッカーマン＝バウアー（Ackerman, R.W. and R.A. Bauer）による『企業の社会的即応性——現代のディレンマ——』[7]がそれである。

同書は当時の状況を次のように叙述している。「約10年前、ひとつの革命ともいうべき性質を待った広範囲にわたる運動が、世界の産業化された諸国において開始された。それは各種の機関（institutions）を人々の要求に対して、さらに即応的（responsive）にさせようとする運動である。……企業もこの時流に捉えられ、公衆の心情や、立法・行政活動の圧力のもと、財貨・用役の営利的生産という伝統的役割を越えた課題事項（issues）に対応（respond）することを求められている。課題事項の一覧表は長大なうえに、さらに伸長し続けている」。

それによれば、その10年間に企業が関わってきた「社会的課題事項」は次の3つの範疇に区分できるという。

(1) 企業にとって外的な社会問題（例：貧困、麻薬禍、都市の荒廃など）
(2) 日常の経済活動の対外的影響（例：生産施設による汚染、財貨・用役の品質・安全性・信頼性、マーケティング活動から生ずる紛糾・欺瞞、工場閉鎖・工場設置の社会的影響など）
(3) 企業内部に発生し、日常の経済活動と本質的に結びついている課題事項（例：雇用機会の平等、職場の健康・安全、労働生活の質的向上、産業民主主義など）

そして、これらのうち、1960年代後半に企業が積極的取組みを見せたのは(1)の範疇であり、地域社会関係管理（community relations）や社会貢献活動（philanthropy）がその活動であったのに対し、70年代においては(2)および(3)の範疇が重要性を増しており、これらはともに企業の日常の経済的活動と本質的に結びついていることを特徴とする。それゆえ、これらの課題事項への対応は、企業内部における日常の意思決定ならびに業務遂行を通じて実現されねばならず、それを志向する制度・機構・手続きなどの組織的体制の整備を不可欠とするのである。

さらにアッカーマン＝バウアーは、企業の業務活動が生み出す「社会的結果」（social consequence）ないし「社会的影響」（social impacts）は、意図された、したがってまた社会的要求として明示されているもののみに尽きる

ものでないことにも注意を促して、つぎのようにいう。「重要で明示的な社会的要求は企業の業務活動を通じて満たされねばならないが、一方で企業の業務活動は意図されると否とに関わりなく社会的結果を生ずる。しかも多くの場合、社会的結果の範疇のうち後者〔＝意図されざる結果（引用者）〕が、少なくとも前者〔＝意図された結果（引用者）〕と同等の重要性をもつのである」。

このようにして彼らはそれまでの「企業と社会」の理論における中核的概念であった「企業の社会的責任」の限界を鋭く指摘し、それに代えて「企業の社会的即応性」（corporate social responsiveness）の概念を提起し、それを彼らの共著の表題ともしたのである。

「社会的即応性」の概念はその後、経営学における学術的論述においてのみならず、経営・経済・社会などの諸領域における政策・実務に関連しても広く用いられ、たとえば1970年代末にアメリカ商務省が公表した報告書、『企業と社会：1980年代への戦略』[8]においても「企業の社会的業績」（corporate social performance）とともにキーワードとして用いられることとなっている。

これらの概念は当時、そしてその後の日本社会にとって切実な重要性を有するはずのものであったとみられるにもかかわらず、アッカーマン＝バウアーの共著が邦訳・出版されることはなく、その概要が一部の専門研究者の論著において紹介・評価されるにとどまったため、「社会的即応性」の概念が一般に理解され、使用されるにはいたらなかった。

3-3. 企業活動の倫理性の追求：1980年代以降

企業と社会との関係のあり方についての体系的な検討と広範な論議、そして多様な実践の展開を促す契機となった1970年代のアメリカにおける現実の事態は、「社会的課題事項への対応」および「企業活動の社会的諸結果への対処」のみにとどまるものではなかった。そこでは同時に、より広範囲にわたる市民一般の、企業、とりわけ大企業に対する信頼の著しい低下を生じさ

せる原因となるような性質をもつ深刻な事態が急速に進行しつつあった。

　1972年の大統領選挙を前にした民主党全国委員会本部侵入・盗聴器設置事件に端を発し、74年のニクソン大統領辞任にまで発展したウォーターゲート（Watergate）事件の捜査の過程で摘発された多数の大企業による不正政治献金、1973年にはじまった石油危機のもとでの企業の暴利追求（profittering）、1975年にあいついで露見した国内および海外での「多国籍企業」による大規模な政治家向け贈収賄事件（日本での代表的なものは「ロッキード事件」）、等々に対する社会的批判、そして1973年から75年にかけての「スタグフレーション」（stagflation；急激なインフレーションと深刻な不況との並存状態）に対する民衆の不満などがそれである。

　前述のアッカーマン＝バウアーの共著『企業の社会的即応性』と同じく1976年に刊行されたシルク＝ヴォーゲル（Silk, L. and D. Vogel）の共著『倫理と利潤―アメリカ企業に対する信頼性の危機―』[9]は、1974年9月から1年間にわたり、アメリカ大企業の経営者たち合計360名の参加を得て行なわれた、「過去・現在・将来における企業の社会的責任」を主題とする連続討論会の内容を総括したもので、その壮大な企画を通して確認されることとなったのは、企業における道徳性（morality）ないし倫理（ethics）の絶対的な重要性であった。

　「社会的課題事項への対応」および「企業活動の社会的諸結果へ対処」に加えて、企業相互間の競争関係ならびに企業と納入業者・配給業者・顧客・投資家などとのあいだの取引関係など、経済的市場における公正の確保、企業と政治とのあいだの相互的影響関係ならびに協同的機能遂行過程における合法性の堅持、従業員・消費者・市民・地域社会の権利の尊重ならびに福祉の確保などをふくめての、最も広範囲かつ多側面にわたる企業と社会とのあいだの複雑微妙な関係様式を対象とした研究は次の2つの方向から取り組まれることとなった。

　研究類型の第1は、経営学の内部において1960年代以来、企業と社会との関係を具体的事実に即して一貫して追求してきた、前述のような研究の流れ

であり、とくに1971年におけるアカデミー・オブ・マネジメントでの「経営における社会的課題事項」部会の設立以後、活発な研究成果の交流を通じて研究領域の拡大と内容の深化とを実現してきていた。

第2の研究類型は、道徳哲学ないし倫理学の理論ならびに分析方法を現実の具体的諸問題に関する考察ならびに判断に対して適用する応用倫理学（applied ethics）の一分野として、とくに企業活動に関わる倫理的諸問題を広く取り扱おうとするもので、企業倫理学（business ethics）の名でよばれる。1970年代における上述のような企業経営をめぐる多様で複雑な諸問題の表面化にともなう社会的要請と、一方での応用倫理学の隣接諸分野（生命倫理学・医療倫理学・環境倫理学・等々）の発展による刺激とをうけて、研究の急速な発展と、高等教育における学科目としての導入とが見られ、1979年には全国規模の専門学術団体として企業倫理学会（The Society for Business Ethics）も発足した。

これら2つの研究類型のあいだの交流ないし融合を通じての企業倫理の研究の進展と、社会における現実的要請とのもとに、アメリカでは1980年代において「企業倫理」ないし「企業倫理学」（英語においてはいずれも business ethics）の名を冠する教育科目、もしくは企業倫理を実質的内容とする各種学科目が、学部段階の哲学専攻や社会科学系統の学部・学科における設置にはじまり、やがて大学院、とりわけビジネス・スクール（経営管理学研究科）への導入が着実に進み、さらにはそこでの学科目履修体系における枢要な地位をも占めるにいたるのである。

3-4. 企業倫理の制度化と価値共有

学問的出自において対照的なまでに異なる学風を有する2つの分野が同一の主題に取り組むにいたった具体的契機は、当時における実在事象としての企業をめぐる社会的不正であり、それはその規模と深刻さとにおいて過去の経験を超える域に達するほどのものであったが、その排除に向けての積極的な取り組みへの着手を促すこととなった基本的要因は、それを黙過しえぬ重

●図表 8-3　企業倫理の実現に向けての社会的取り組み：企業倫理の社会的制度化

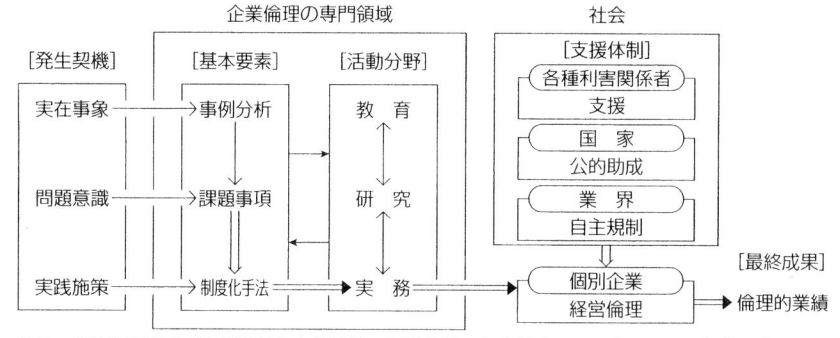

```
             企業倫理の専門領域              社会
[発生契機]  [基本要素] [活動分野]    [支援体制]
                                   ┌各種利害関係者┐
 実在事象 →  事例分析    教              支援
              ↓        ↓         ┌── 国　家 ──┐
 問題意識 →  課題事項    研              公的助成
              ↓        ↓         ┌── 業　界 ──┐
 実践施策 →  制度化手法  実　務         自主規制
                                   ┌── 個別企業 ──┐   [最終成果]
                                      経営倫理    → 倫理的業績
```

出所：中村瑞穂編著『企業倫理と企業統治―国際比較―』文眞堂、2003年、p. 7 に掲載のものを一部修正。

大事と認識する鋭い問題意識と同時に、問題解決に向けての体系的実践の有効性に対する強固な確信であった。前者は市民の強固な権利意識を基盤とし、後者は複雑な社会的問題への合理的対処の体系的展開がもたらす現実的成果に関する積年の経験に基づくもので、共にその社会にあって歴史的に形成され、継承されてきた独自の文化的風土に根ざすものであった。

そこにはじまる企業倫理への実質的取組みの主要な展開過程を図示することを試みたものが図表 8-3 である。

企業倫理への実質的取り組みの初段階は実在事象に対する徹底した精緻な分析である。具体的認識ならびに体系的実践の志向に立つならば、企業倫理の実現にとって何にも増して貴重な価値を有するものは、現実に生起した問題事例である。そのような個別・具体的な実在事象を対象として、学際的（interdisciplinary）な分析・研究、すなわち社会科学・自然科学・人文科学などさまざまな専門学術的知識・手法を動員・結集して、精緻な科学的分析を行なうことが事例分析（case analysis）である。それを通じて、企業倫理に関わる事象の個別的性格が具体的に認識される。このようにして識別された事象群を企業倫理的課題事項（ethical issues in business）とよんでいる。課題事項（issue）とは、それへの対処が適正を欠くならば、深刻な問題（problem）に発展することが避けられないような性格を有する重要事項を

意味する。そして、事例分析の成果が次第に蓄積されていくならば、それらの比較・総合を通じて課題事項の把握は正確性を高めていくこととなる。

企業倫理に関わる課題事項として研究、教育、そして経営実務にあって特定されている具体的項目はきわめて多数にのぼり、多種多様を極める。そのことが企業倫理に対する取り組みに当たり求められる視野の広さ、ならびに焦点の精緻さを物語ることはいうまでもない。

そのような性格を有する企業倫理的課題事項の主要項目を、それらの識別に際しての基本的視座をなしていると考えられる利害関係者の概念を基準として分類するとともに、それら各群の課題事項への対処に際して求められる価値理念をも提示することをかつて試みたものが一覧表「**企業倫理の課題事項―関係領域と価値理念―**」である（第5章、**図表5-4**、p.99参照）。

さて、現実に生起した問題事例に対する分析の内容そのものはまた、専門教育機関における企業倫理教育、ならびに企業内の教育訓練における有効・不可欠の教育方法としての事例研究（case study）に対して、適切な教材を提供する。さらには、企業実務における企業倫理に関する実践に使用される各種の手法の個別的内容に対しても、有効な具体的示唆を与えることとなるのである。

実在の具体的事例の分析を通じての倫理的課題事項の特定ならびに、それ

●**図表8-4　企業倫理の内部制度化の主要構成内容**

1. 倫理綱領または行動憲章の制定・遵守
2. 倫理教育・訓練体系の設定・実施
3. 倫理関係相談への即時対応体制の整備
4. 問題告発の内部受容と解決保証のための制度制定
5. 企業倫理担当常設機関の設置とそれによる調査・研究、立案、実施、点検、評価の遂行
6. 企業倫理担当専任役員の選任とそれによる関連業務の統括ならびに対外協力の推進
7. その他、各種有効手段の括用（倫理監査、外部規格機関による認証の取得、等々）

出所：中村瑞穂「"企業と社会"の理論と企業倫理」『明大商学論叢』第77巻第1号、1994年12月、明治大学商学研究所に初出。

らの性格把握を基礎として個別企業の内部において展開される具体的実践の組織的体系化は「企業倫理の制度化」(institutionalization of business ethics)とよばれる。その主要な構成内容は図表8-4の通りである。

　なお、ここでとくに注意を要するのは、「制度化」という表現の意味内容である。ここに個別的・具体的に列挙されている規程・手続きの制定、組織・機構の設置などは、そのものが「制度化」であるのではけっしてない。ここにいうところの「制度」(institution)とは、集団や社会の内部において成員のあいだに共有される意識・思考と、それに基づく行為・行動の様式などを意味するのであって、上記での列挙事項は「制度化」の目的に使用される手法の例示にすぎず、それらそのものが「制度」であるわけではないのである。

　したがって、「企業倫理の制度化」の核心は上記の諸手法を用いることによる、企業内での構成員に対する企業倫理意識の定着にほかならない。「企業倫理の制度化」に関してアメリカで1990年代中頃から、注目されてきている「2つの制度化手法」あるいは「2つの企業倫理プログラム」、すなわちコンプライアンス（compliance）、および「価値共有」(value sharing)については第1章で詳細に論じられており、両者の対照性は**図表1-1**（p.9参照）に示されている。倫理意識の定着方法に関して要約するならば、前者は「外部からの強制的制度化」であり、後者は「自発的自主的な取組み」であるという。そして、時とともに前者から後者への移行が顕著に進行しつつあることが認められている。

　個別企業における企業倫理の実現に向けての取り組みは、関連事項に対する認識の視野の拡大、ならびにその性格把握の精緻化とともに進展し、また、その具体的遂行を担う全構成員が共通の自覚のもとに自己の任に当たる体制の構築を通じて、その実現可能性を高めつつあることが認められる。

　しかし、そのような個別企業としての周到な取り組みをもってしても、企業行動の倫理性の実現を個別企業の自発的努力のみに期待することは到底、困難であり、個別企業の努力に対する社会的支援の存在が欠かせない。それ

●図表 8-5　企業倫理に対する社会的支援体制

1. 各種利害関係者（出資者、従業員、顧客・消費者、地域住民、納入業者、配給業者、債権者など）の支持。
2. 業界（同業者団体、地域経済団体、全国経済団体など）による自主規制。
3. 公的権力（国家および地方の立法・行政・司法機関など）による助成・奨励。

を構成する基本的要素は、図表 8-5 に示す 3 者である。

個別企業における経営倫理の強化に向けての自発的努力が、このような全社会的規模での支援体制にささえられることなくして、企業行動の倫理性の実現はありえない。

現代社会における企業行動の実態に対する厳しい問題意識に端を発する企業倫理の実現に向けての体系的取り組みは、このような全社会的な支援体制の構築をもって完結にいたる。前掲の図表 8-2 はその全構図を示したもので、筆者はそれを「企業倫理の社会的制度化」とよんできている。

そして、この「社会的制度化」においても、それを実効あるものとするために「価値共有」が不可欠であることはいうまでもない。企業行動のあり方をめぐる社会的価値観の同調がそれであろう。

ひるがえって、現代における"CSR"は、個別企業における経営戦略の必要不可欠な一環として立案され推進されねばならず、かつ、その具体的内容は当該企業の立地・業種・規模・設立形態など、多様な条件に即応した独自的な構成を有するものでなければならない。そして、その実践が着実に所期の成果を収めつつ継続され、その経験の累積がさらなる発展を可能とするためには、企業構成員全員による価値観の共有が不可欠であるとともに、価値観の社会的共有もまた、必要であることを、企業倫理への取り組みをめぐる歴史的経験は示唆しているものといえよう。

4. 21世紀"CSR"の先端状況

4-1. CSR 報告書と「GRI ガイドライン」

CSR への強い関心と、それに基づく積極的な実践とが「ブーム」すなわ

ち「急激にして、かつ一時的な活況、あるいは流行」などではけっしてなく、現代社会の根幹にかかわることがらであって、世界史的ともいえる重要な意義をもつ問題であることが認識されるようになってきている。

そして、それとともに、CSRへの積極的な取り組みをすでに進めてきている企業もしだいに増加し、それ自体が社会的責任の自覚と実践に関する説明責任履行の一形式でもあるような内容を盛った報告書の公表が急速に進んできていることも周知の通りである。また、その種の報告書のタイトルも、「環境報告書」から「社会的責任報告書」もしくは「CSR報告書」への移行が顕著に認められる。

そのような報告書の形式および内容に直接もしくは間接に大きな影響をあたえているものに「GRIガイドライン」があり、それは規定内容の総合性・体系性・緻密性・そして状況即応性などのゆえに、CSRとして問われ・求められている事項を具体的に知ることのできる貴重な資料となっている。

GRIの正式名称は「グローバル・レポーティング・イニシアティブ」(Global Reporting Initiative) で、1997年にアメリカの非営利組織であるセリーズ (CERES: Coalition for Environmentally Responsible Economies) と、国連環境計画との合同事業として、持続可能性報告 (sustainability reporting) の質・厳密性・利便性の向上を目的に発足した。そして2000年に「経済的・環境的・社会的パフォーマンスに関する持続可能性報告ガイドライン」(*Sustainability Reporting Guidelines on Economic, Environmental, and Social Performance*) の第1版を発行し、2002年には改訂された第2版が発行され、それが使用されてきている[10]。なお、2006年1月には第3版(略称G3)の草案が発表されて、多様な関係者によるその検討手続きが進行してきているが、以下における紹介は2002年版による。

ガイドラインはまず、報告が備えるべき性格要件を4グループに分け、合計11の原則を規定する。

(1) 報告書の枠組みを形づくるもの：透明性・包含性・監査可能性
(2) 報告内容に関する意思決定に影響するもの：網羅性・適合性・持続可

能性の状況
(3) 報告書の質と信頼性の確保にかかわるもの：正確性・中立性・比較可能性
(4) 報告書の入手に関する意思決定に影響するもの：明確性・タイミングの適切性

これらのうち、冒頭の2つ、すなわち透明性および包含性の2原則は、報告プロセスの起点として、他の全ての原則に織り込まれていることが強調されている。

GRIはまた、報告書に盛られる最も具体的な指標を「パフォーマンス指標」とよび、それは報告を行なう組織の成果を比較可能な、また長期的な変化を実証するような、定量的または定性的な情報であるとしている。

また、それらは「持続可能性」の3側面に対応する経済・環境・社会の3カテゴリーまたはセクションに分けられ、それぞれにおいて必須指標と任意指標とが区分される。その内訳は次のようである。

(1) 経済的パフォーマンス指標：直接的な影響（顧客・納入業者・従業員・投資家・公共部門）／間接的な影響
(2) 環境パフォーマンス指標：原材料・エネルギー・水・生物多様性・放出物、排出物および廃棄物・供給業者・製品とサービス・法の遵守・輸送・その他全般（種類別の環境に対する総支出）
(3) 社会的パフォーマンス指標：
① 労働慣行と公正な労働条件（雇用・労働／労使関係・安全衛生・教育研修・多様性と機会）；
② 人権（方針とマネジメント・差別対策・組合結成と団体交渉の自由・児童労働・強制／義務労働・懲罰慣行・保安慣行・先住民の権利）；
③ 社会（地域社会・贈収賄と汚職・政治献金・競争と価格決定）；製品責任（顧客の安全衛生・製品とサービス・広告・プライバシーの尊重）

そして、これらのパフォーマンス指標の件数は次のようになる。
- (1) 経済的パフォーマンス指標　（必須指標　10；任意指標　3；計　13）
- (2) 環境パフォーマンス指標　　（必須指標　16；任意指標　19；計　35）
- (3) 社会的パフォーマンス指標　（必須指標　24；任意指標　25；計　49）
  　　　合計　　　　　　　　　（必須指標　50；任意指標　47；計　97）

その包括範囲の広さと対象事項の緻密さが知られるであろう。

社会的責任報告書もしくはCSR報告書の作成・発行にあたり、このような「GRIガイドライン」に準拠し、あるいはこれを参照する事例が増加しつつあり、GRIの求める「GRIガイドライン対照表」を報告書の末尾に見る機会が着実に増してきている。

4-2. ハーバード・グループの『グローバル・ビジネス行動基準集成』

ハーバード・ビジネス・スクールのペイン（Paine, L.S.）をはじめ、4人の研究者から成るグループは2005年、グローバル企業を主として対象とした企業行動規範類に関するきわめて広範かつ精緻な調査研究を実施し、その成果を「グローバル・ビジネス行動基準集成」（Global Business Standard Codex：The GBS Codex）として、*Harvard Business Review*誌の同年12月号に発表した[11]。

彼らの目的は、近年、企業行動規範の制定を求める動きが各国内のみならず、国際社会においても急激に高まり、産業界・政府機関・市民団体などもそれぞれ独自の立場から企業行動規範・ガイドラインなどを作成・公表する動きが続いている一方、それらの規定内容がきわめて長大かつ雑然とした構成を有するために、独自の行動規範の作成、もしくは既存の規程の改善を意図する企業・経営者を困惑させている実態を重視し、各種の代表的規範の内容を分析・整理することにより、包括的にして、かつ体系的な規範の作成に資しうる基礎的資料を提示することにあった。

そこで彼らが調査・分析の対象として選定した企業行動規範は次のようなものであった。

(1) グローバル企業向けの行動規範（5点）
　　①コー円卓会議の企業行動原則；②OECD多国籍企業ガイドライン；③国連グローバル・コンパクト；④企業責任に関する宗派間連合センターのグローバル企業責任原則；⑤グローバル・レポーティング・イニシアティブ（GRI）。
(2) 最大規模のグローバル企業の行動規範（14点）。
(3) 合衆国の法律・その他の規程（4点）
　　①サーベンズ・オクスリー（SOX）法；②証券取引委員会（SEC）規程；③ニューヨーク証券取引所（NYSE）企業統治原則；④ナスダック店頭取引市場（NASDAQ）企業統治原則。

　以上、3種の規範・規程群から選定された合計23件の規範・規程にふくまれる指示事項（precepts）は約130種であったという。
　研究者たちはそれらの内容を詳細に分析し、その整理・分類を試みた結果、そこには8つの基本的倫理原則（eight underlying ethical principles）の適用が見出されている。
　それは次のようなものである。
(1) 受託者義務の原則（fiduciary principle）
(2) 財産権の原則（property principle）
(3) 信頼性の原則（reliability principle）
(4) 透明性の原則（transparency principle）
(5) 尊厳の原則（dignity principle）
(6) 公正の原則（fairness principle）
(7) 市民性の原則（citizenship principle）
(8) 即応性の原則（responsiveness principle）

　そして、これらの原則それぞれの内容に関する解説が行なわれるとともに、その実践への具体的適用に際して示される典型的な行動様式が重点項目として提示されるのである。
　一方、これらの原則が適用されての企業行動の対象となる構成参加者

(constituencies),すなわち、いわゆる利害関係者(stakeholders)としては、次の6種が確認されている。

　①顧客；②従業員；③投資家；④競合他社；⑤納入業者および提携業者；⑥一般市民(public)。

　その結果、「グローバル・ビジネス行動基準集成」(The GBS Codex)の基本的構造は、8つの基本的倫理原則それぞれの内容についての基本的な規定と、その実践に際しての重点項目(key concepts)の確認、さらにその重点項目の適用対象となる利害関係者のそれぞれにおける特定の具体的条件に即応した企業行動の規範の提示という、壮大にして、かつ精緻にわたる体系的展開を見せることとなっている。

　そして、このような「企業行動基準集成」の性格に関して、作成者たちはとくに次にように強調する。

　「われわれの企業行動基準集成が意図するのは、各社が採用しなければならない『モデル規範』(a "model code")ではなく、企業独自の世界水準の規範の創造をめざす人々にとっての一基標(a benchmark)に他ならない。

　それは、今日の株式会社に期待されている行動についての、包括的ではあっても、簡潔な図像(a comprehensive, but simplified picture)を示そうとの、われわれの意図を表現している。

　この基準集成の諸条項は各社の固有の事業と状況とに合致するように仕立てられる(be customized)のでなければならず、各社の規範は自身の独特の要素をも包含するものとなるであろう。基準集成が提供するのは倫理的基礎に根ざし、企業行動の基本的標準に関して形成されつつあるグローバルな合意に適合するためのひとつの出発点(a starting point)である。」

　ここには企業の社会的責任の問題に対するアメリカでの1960年代以来の取り組みの系譜を継承し、企業倫理の視点に立つとともに、その制度化の方式としては価値共有型を採用するという姿勢の、現在における到達点のひとつ

を見ることができる。

注

1 「日経と goo のビジネス情報サイト」http://nikkei.goo.ne.jp/nkg/pnews_detail_top.jsp
2 谷本寛治編著『CSR 経営―企業の社会的責任とステイクホルダー―』中央経済社、2004年。
3 Buchholz, R. A., *The Essentials of Public Policy for Management*, 2nd ed., 1990. pp. 2-3.
4 Committee for Economic Development ed., *Social Responsibilities of Business Corporations: A Statement on National Policy by the Research and Policy Committee for Economic Development, June 1971*, 1971 (経済同友会編訳『企業の社会的責任』鹿島出版会、1972年).
5 Friedman, M., "The Social Responsibilities of Business is to Increase Its Profits," *The New York Times Magazine*, September 13, 1970.
6 盛田昭夫「日本的経営が危ない―"良いものを安く"が欧米に批判される理由―」『文藝春秋』1992年2月号。
7 Ackerman, R. W. and Raymond A. Bauer, *Corporate Social Responsiveness: the Modern Dilemma*, Reston, 1976.
8 United States Department of Commerce, *Business and Society: Strategies for the 1980s ― Report of the Task Force on Corporate Social Performance*, 1980.
9 Silk R. and D. Vogel, *Ethics and Profits: The Crisis of Confidence in American Business*, 1976 (並木信義監訳『トップの本音―利潤と社会的責任のジレンマ―』日本経済新聞社、1976年).
10 Global Reporting Initiative, *Sustainability Reporting Guidelines on Economic, Environmental, and Social Performance*, June 2000. グローバル・レポーティング・イニシアティブ『持続可能性報告ガイドライン』2002年。http://www.globalreporting.org/Home を参照のこと。
11 Paine, L., R. Deshpande, J. D. Margolis, and K. E. Bettcher, "Up to Code: Does Your Company's Conduct Meet World-Class Standards?" *Harvard Business Review*, December 2005, pp. 122-133 (山本冬彦訳「8つの基本原則を確認せよ―GBSC 企業行動規範の世界標準」『DIAMOND ハーバード・ビジネス・レビュー』2006年3月号、ダイヤモンド社、pp. 125-137)。

参考文献

Ackerman, R. W. and R. A. Bauer, *Corporate Social Responsiveness: The Modern Dilemma*, Reston, 1976.

Adler, N. J., *International Dimensions of Organizational Behavior*, 2nd ed., South-Western Pub. Co., 1991(江夏健一・桑名義晴監訳『異文化組織のマネジメント』セントラル・プレス、1996年).

Baranoff, E., *Risk Management and Insurance*, Wiley, 2004.

Barber, B., "Some Problems in the Sociology of the Profession," in K. S. Lynn, ed., *The Profession in America*, Houghton Mifflin, 1965.

Bigelow, B., L. Fahey and J. Mahon, "A Typology of Issue Evolution," *Business & Society*, Vol. 32, No. 1, 1993.

Blodgett, M. S. and P. J. Carlson, "Corporate Ethics Codes: A Practical Application of Liability Prevention," *Journal of Business Ethics*, 16, 1997.

Boatright, J. R., "Globalization and the Ethics of Business," *Business Ethics Quaterly*, Vol. 10, No. 1, January 2000.

Bucholtz, R. A., *The Essentials of Public Policy for Management*, 2nd ed., Englewood-Cliffs: Prentice-Hall, 1990.

Buchholz, R. A., W. D. Evans and R. A. Wagley, *Management Responses to Public Issues*, Prentice-Hall, 1994.

Cadbury, A., *Corporate Governance and Chairmanship*, Oxford University Press, 2002(日本コーポレート・ガバナンス・フォーラム、英国コーポレート・ガバナンス研究会専門委員会訳『トップマネジメントのコーポレートガバナンス』シュプリンガー・フェアラーク東京、2003年).

Carroll, A. D. and A. K. Buchholtz, *Business & Society*, 5th ed., Thomson, 2003.

Carr-Saunders, A. M. and P. A. Wilson, *The Progressions*, Oxford University Press, 1933.

Carson, T. L., "Ethical Issues in Sales: Two Case Studies," *Journal of Business Ethics*, 17, 1998.

Carson, T. L., "Self-interest and Business Ethics: Some Lessons of the Recent Corporate Scandals," *Journal of Business Ethics*, 43, 2003.

Committee for Economic Development ed., *Social Responsibilities of Business Corporations: A Statement on National Policy by the Research and Policy Committee for Economic Development*, June 1971（経済同友会編訳『企業の社会的責任』鹿島出版会、1972年）.

Cooke, R. A., "Danger Signs of Unethical Behavior: How to Determine If Your Firm Is at Ethical Risk," *Journal of Business Ethics*, 10, 1991.

Cooper, R. W. and G. L. Frank, "Ethics in the Property and Casualty Insurance Industry," *CPCU Journal*, Vol. 43, 1990.

Cooper, R. W. and G. L. Frank, "Ethics in the Life Insurance Industry: The Issue, Helps and Hindrances," *Journal of the American Society of CLU and ChFC*, 45, 1991.

Cooper, R. W. and G. L. Frank, "Key Ethical Issues Facing the Property and Casualty Insurance Industry: Has a Decade Made a Difference?" *CPCU Journal*, Vol. 54, 2001.

Cooper, R. W. and G. L. Frank, "Ethical Challenges in the Two Main Segments of the Insurance Industry: Key Considerations in the Evolning Financial Services Marketplace," *Journal of Business Ethics*, 36, 2002.

Cooper, R. W. and G. L. Frank, "The Highly Troubled Ethical Environment of the Life Insurance Industry: Has it Changed Significantly from the Last Decade and If so, Why?" *Journal of Business Ethics*, 58, 2005.

Cooper, R. W., J. P. Bell and G. L. Frank, "The Ethical Environment Facing Life Insurance Professionals: Views of MDRT Members," *Journal of the American Society of CLU and ChFC*, 50, 1996.

Cooper, R. W. and M. S. Dorfman, "Business and Professional Ethics in Transitional Economies and Beyond: Considerations for the Insurance Industries of Poland, the Czech Republic and Hungary," *Journal of Business Ethics*, 47, 2003.

Crouhy, M. et al., *Risk Management*, McGraw Hill, 2001.

Dean, D. H., "Perceptions of the Ethicality of Consumer Insurance Claim Fraud," *Journal of Business Ethics*, 54, 2004.

DeGeorge, R. T., *Business Ethics*, 3rd ed., Macmillan Publishing Co., 1989（永安幸正・山田經三監訳、麗澤大学ビジネス・エシックス研究会訳『ビジネス・エシックス』明石書店、1995年）.

DeGeorge, R. T., *Competing with Integrity in International Business*, Oxford University Press, 1993.

出見世信之『企業統治問題の経営学的研究』文眞堂、1997年。

出見世信之『企業倫理入門』同文舘出版、2004年。
出見世信之「企業統治改革の再検討—米英日の比較を中心に—」『明大商学論叢』第86巻第2号、2004年。
Diacon, S. R. and C. T. Ennew, "Can Business Ethics Enhance Corporate Governance? Evidence from a Survey of UK Insurance Executive," *Journal of Business Ethics*, 15, 1996.
Doherty, N. A., *Integrated Risk Management*, McGraw Hill, 2000.
Donaldson, T., *The Ethics of international Business*, Oxford University Press, 1989.
Donaldson, T., "Values in Tension: Ethics Away from Home," *Harvard Business Review*, September-October, 1996.
Donaldson, T. and T. W. Dunfee, *Ties that Bind: A Social Contracts Approach to Business Ethics*, Havard Business School Press, 1999.
Drennan, L., M. Beck and W. Henry, "From Cadbury to Turnbull: Finding a Place for Risk Management," *Journal of Insurance Research and Practice*, Vol. 16, No. 1, 2000.
Drennan, L. T., "Ethics, Governance and Risk Management: Lessons from Mirror Group Newspapers and Barings Bank," *Journal of Business Ethics*, 52, 2004.
Driscoll, D., W. M. Hoffman, *Ethics Matters: How to Implement Values-Driven Management*, Bentley College Center for Business Ethics, 1999（菱山隆二・小山博之訳『ビジネス倫理の10のステップ』生産性出版、2001年）.
Drucker, P. F., "Management and the Professional Employee," *Harvard Business Review*, May-June, 1952（上田惇生訳『現代の経営（下）』ダイヤモンド社、1996年）.
Duska, R., "Ethics and Compliance in the Business of Life Insurance: Reflections of an Ethicist," *Journal of Insurance Regulation*, Vol. 18, No. 2, 1999.
Eastman, K. L., J. K. Eastman and A. D. Eastman, "The Ethics of Insurance Professionals: Comparison of Personal Versus Professional Ethics," *Journal of Business Ethics*, 15, 1996.
Eells, R., *The Government of Corporations*, The Free Press, 1966.
Elkington, J., *Cannibals with Forks: The Triple Bottom Line of 21st Century Business*, New Society Pub., 1987.
Elliot, P., *The Sociology of the Professions*, The Macmillan Press Ltd., 1972.
イーエムエスジャパン編『Q&Aでよくわかる ISO14001規格の読み方』日刊工業新聞社、2002年。
Epstein, E. M., "Business Ethics and Corporate Social Policy Process"（中村瑞穂

他訳『企業倫理と経営社会政策過程』文眞堂、1996年).
エプスタイン, E. M.「経営学教育における企業倫理の領域：過去・現在・未来」中村瑞穂編著『企業倫理と企業統治―国際比較―』文眞堂、2003年。
Etzioni. A., *Modern Organizations*, Prentice-Hall Inc., 1964（渡瀬浩訳『現代組織論』至誠堂、1967年).
Ewing, L. E. and R. B. Lee, "Surviving the Age of Risk: A Call for Ethical Risk Management," *Risk Management*, September, 2004.
Folsom, R. H. and M. W. Gordon, *International Business Transactions*, Vol.1, Practitioner Treatise Series, West Publishing Co., 1995.
Francis, R. and A. Armstrong, "Ethics as a Risk Management Strategy: The Australian Experience," *Journal of Business Ethics*, 45, 2003.
Freadson, E., *Professional Dominance: The Social Structure of Medical Care*, Atherton Press, Inc., 1970（進藤雄三・宝月誠訳『医療と専門家支配』恒星社厚生閣、1992年).
Frederick, W. C., "The Authority of Transnational Corporate Codes," *Journal of Business Ethics*, 10, 1991.
Friedman, M., "The Social Responsibilities of Business is to Increase Its Profits," *The New York Times Magazine*, September 13, 1970.
古川安『科学の社会史―ルネサンスから20世紀まで―』南窓社、1989年。
Gentile, M. C., "Business Ethics: Setting the Right Course," *Risk Management*, September 1998.
Global Reporting Initiative, *Sustainability Reporting Guidelines on Economic, Environmental, and Social Performance*, June 2000（グローバル・レポーティング・イニシアティブ『持続可能性報告ガイドライン』2002年).
Goldner, F. H. and R. Ritti, "Professionalization as Career Immobility," *American Journal Society*, Vol. 72, No. 5, 1967.
Goode, W. J., "Community within Community: The Profession," *American Sociological Review*, Vol. 22, No. 2, 1957.
Goode, W. J., "The Theoretical Limits of Professionalization," in A. Etzioni, ed., *The Semi-Professions and Their Organization*, Free Press, 1969.
Goodman, P. S. and J. W. Dean, Jr., "Why Productivity Efforts Fail," in W. L. French, C. H. Bell, and R. A. Zawachi eds., *Organization Development: Theory, Practice and Research*, 3rd ed., BPI/Irwin, 1989.
Goodpaster, K. E., "Business Ethics and Stakeholder Analysis," in Beauchamp, T. L., Bowie, N. E. eds., *Ethical Theory and Business*, 6th ed., Prentice Hall, 2001.

Gouldner, A. W., "Cosmopolitan-Locals: A Factor Analysis of the Construct," *Administrative Science Quarterly*, 2, 1957.

Gouldner, A. W., "Cosmopolitan-Locals: A Toward an Analysis of Latent Social Roles," *Administrative Science Quarterly*, 2, 1958.

Greenwood, E., "Attributes of a Profession," *Social Work, National Association of Social Workers*, Vol. 2, No. 3, 1957.

Halmos, P., "The Personal Service Society," *The British Journal of Sociology*, Vol. 18, 1967.

Harris, C. E. Jr., *Engineering Ethics: Concept and Cases*, Thomson Learning, Inc., 2000.

林満男「グローバル企業文化の基礎としてのグローバル企業倫理」安室憲一編・多国籍企業研究会著『多国籍企業文化』文眞堂、1994年。

Head, G. L., *Risk Management Process*, The Risk and Insurance Management Society, Inc., 1978.

Henderson, V. E., *What's Ethical in Business?* McGraw-Hill, 1992, p. 191（松尾光晏訳『有徳企業の条件』清流出版、1995年、332頁）。

Henry, N., *Public Administration and Public Affairs*, Prentice-Hall Inc., 1975（中村瑞穂監訳『現代行政管理総論』文眞堂、1986年）。

Herrington, S. E. and G. R. Niehaus, *Risk Management and Insurance*, 2nd ed., McGraw Hill, 2004（米山高生・箸方幹逸監訳『保険とリスクマネジメント』東洋経済新報社、2005年）。

Hirscman, A. O., *Exit, Voice, and Loyalty: Responses to Decline in Firms, Organizations, and States*, Harvard University Press, 1970（矢野修一訳『離脱・発言・忠誠─企業・組織・国家における衰退への反応─』ミネルヴァ書房、2005年）。

Hofstede, G., "Motivation, Leadership, and Organization: Do American Theories Apply Abroad?" *Organizational Dynamics*, Summer, 1980.

Holley, D. M., "Information Disclosure in Sales," *Journal of Business Ethics*, 17, 1998.

Hushed, B. W. and D. B. Allen, "Is It Ethical to Use Ethics as Strategy?" *Journal of Business Ethics*, 27, 2000.

Illich, I., *Disabling Professions*, Marion Boyars, 1977（尾崎浩訳『専門家時代の幻想』新評論、1984年）。

インターリスク総研『実践リスクマネジメント 事例に学ぶ企業リスクのすべて（第二版）』経済法令、2005年。

IPCC, *Climate Change 2001 ─ The Scientific Basis ─*, Cambridge, 2001.

石村善助『現代のプロフェッション』至誠堂、1969年。
石名坂邦昭『リスクマネジメントの理論』白桃書房、1994年。
伊丹敬之『日本型コーポレート・ガバナンス』日本経済新聞社、2000年。
Iyer, G. R., "International Exchange as the Basis for Conceptualizing Ethics in International Business," *Journal of Business Ethics*, 31, 2001.
Jones, I. W. and M. G. Pollitt, *Understanding How Issues in Business Ethics Develop*, Palgrave Macmillan, 2002.
Joyner, B., E. D. Payne, "Evolution and Implementation: A Study of Values, Business Ethics and Corporate Social Responsibility," *Journal of Business Ethics*, 41, 2002.
加護野忠男『組織認識論』千倉書房、1988年。
神田秀樹編『コーポレート・ガバナンスにおける商法の役割』中央経済社、2005年。
勝部伸夫『コーポレート・ガバナンス論序説―会社支配論からコーポレート・ガバナンス論へ―』文眞堂、2004年。
川村正幸「コーポレート・ガバナンスの改革方向」『企業会計』第50巻第4号、1997年。
菊澤研宗『比較コーポレート・ガバナンス論―組織の経済学アプローチ―』有斐閣、2004年。
鬼頭秀一『自然保護を問い直す―環境倫理とネットワーク―』ちくま新書、1996年。
神戸環境フォーラム編著『PRTR法は企業と社会をどう変えるか―環境情報公開の新局面―』マイガイア エコムック、2000年。
國部克彦・平山健次郎編『日本企業の環境報告―問い直される情報開示の意義―』㈶省エネルギーセンター、2004年。
河野豊弘・S. R. クレグ著、吉村典久・北居明・出口将人・松岡久美訳『経営戦略と企業文化』白桃書房、1999年。
小山嚴也「企業に対する社会的要請の変化」経営学史学会編『組織・管理研究の百年』文眞堂、2001年。
小山嚴也「企業に対する社会的要請の形成プロセス」『経済系』第215集、2003年。
Larkin, Jr., S. W. and J. S. Casscles, "How the Recent Corporate Governance and Financial Scandals May Affect the Debate on the Future of the State Regulation of Insurance," *Journal of Insurance Regulation*, Summer, Vol. 21, Issue 4, 2003.
Learmount, S., *Corporate Governance: What can be Learned from Japan?* Oxford

University Press, 2002.
Lee, B., K. Lee and H. Lee, "Key Ethical Issues and Hindrances to Ethical Behavior in Korean Insurance Industry," The 8th Asia-Pacific Risk and Insurance Association Annual Conference, Proceedings, 2004.
Light, D. W., "The Ethics of Corporate Health Insurance," *Business & Professional Ethics Journal*, Vol. 10, No. 2, 1991.
Mahon, J. F. and S. A. Waddock, "Strategic Issues Management: An Integration of Issue Life Cycle Perspectives," *Business & Society*, Vol. 31, No. 1, 1992.
Mehr, R. I. and B. A. Hedges, *Risk Management Concepts and Applications*, Irwin, 1974.
Millerson, G., *The Qualifying Associations: A Study in Professionalization*, Routledge & K. Paul, 1964.
三戸公『随伴的結果―管理の革命―』文眞堂、1994年。
森宮康『変化の時代のリスクマネジメント』㈳日本損害保険協会、1994年。
森宮康『リスク・マネジメント論』千倉書房、1985年。
盛田昭夫「日本的経営が危ない―"良いものを安く"が欧米に批判される理由―」『文藝春秋』1992年2月号。
長尾周也『プロフェッショナルと組織』大阪府立大学経済研究叢書 第83冊、大阪府立大学経済学部、1995年。
中林真理子『リスクマネジメントと企業倫理―パーソナルハザードをめぐって―』千倉書房、2003年。
中河伸俊『社会問題の社会学』世界思想社、1999年。
中村瑞穂「アメリカにおける企業倫理研究の展開過程」『明大商学論叢』第76巻第1号、1994年。
中村瑞穂「公害問題と株式会社制度」『武蔵大学論集』第20巻第4・5・6号、1973年2月。
中村瑞穂「企業倫理実現の条件」『明治大学社会科学研究所紀要』第39巻第2号、2001年。
中村瑞穂「ビジネス・エシックスと公益」日本公益学会『公益学研究』Vol. 1、2001年。
中村瑞穂編『企業倫理と企業統治―国際比較―』文眞堂、2003年。
中村瑞穂「企業倫理と企業統治」中村瑞穂編著『企業倫理と企業統治―国際比較―』文眞堂、2003年。
中西準子『環境リスク学―不安の海の羅針盤』日本評論社、2004年。
中野修一郎『プロフェッション社会学』木鐸社、1981年。

仲田正機編著『比較コーポレート・ガバナンス研究』中央経済社、2005年。
日本規格協会『JIS Q 2001：2001リスクマネジメントシステム構築のための指針』日本規格協会、2003年。
新田敬祐「リスクマネジメントの新潮流―事業リスクマネジメント（ERM）とは何か―」『ニッセイ基礎研究所　REPORT』No.89、2004年。
緒方正人『チッソは私であった』葦書房、2001年。
岡田佳男「雪印乳業行動基準の作成と実践について」『経営倫理』No.31、経営倫理実践研究センター、2003年。
岡本大輔・古川靖洋・佐藤和・梅津光弘・山田敏之・大柳康司「続・総合経営力指標―コーポレートガバナンス・マネジメント全般と企業業績2004―(2)」『三田商学研究』第48巻第2号、2005年。
奥村宏『三菱―日本を動かす企業集団―』社会思想社、1987年。
奥村宏『三菱とは何か』太田出版、2005年。
O'Rourke, M., "Protecting Your Reputation," *Risk Management*, April, 2004.
小佐野広『コーポレート・ガバナンスの経済学』日本経済新聞社、2001年。
Paine, L.S., *Cases in Leadership, Ethics, and Organizational Integrity: A Strategic Perspective*, McGraw-Hill, 1997（梅津光弘・柴柳英二訳『ハーバードのケースで学ぶ企業倫理―組織の誠実さを求めて―』慶應義塾大学出版会、1999年）。
Paine, L.S., *Value Shift*, McGraw Hill, 2003（鈴木主税・塩原通緒訳『バリューシフト：企業倫理の新時代』毎日新聞社、2004年）。
Paine, L., R. Deshpande, J.D. Margolis, and K.E. Bettcher, "Up to Code: Does Your Company's Conduct Meet World-Class Standards?" *Harvard Business Review*, December 2005（山本冬彦訳「8つの基本原則を確認せよ―GBSC企業行動規範の世界標準―」『DIAMONDハーバード・ビジネス・レビュー』2006年3月号）。
Post, J.E., A.T. Lawrence and J. Weber, *Business and Society*, 10th ed., McGraw-Hill, 2002.
Post, J.E., A.T. Lawrence and J. Weber, *Business and Society*, 11th ed., McGraw-Hill, 2005.
Rayner, J., *Managing Reputational Risk*, John Wiley & Sons, 2003.
Rejda, G.E., *Principles of Risk Management and Insurance*, 9th ed., Addison Wesley, 2005.
『労働事情』2006年2月1日、No.1091。
貞松茂『コーポレート・コントロールとコーポレート・ガバナンス』ミネルヴァ書房、2004年。
佐久間信夫『企業支配と企業統治―コーポレート・コントロールとコーポレー

ト・ガバナンス―』白桃書房、2003年。
Schein, E. H., *Organizational Culture and Leadership*, Jossey-Bass Publishers, 1985（清水紀彦・浜田幸雄訳『組織文化とリーダーシップ』ダイヤモンド社、1989年）.
Schein, E. H., *The Corporate Culture Survival Guide*, Jossey-Bass, 1999（金井壽宏監訳『企業文化―生き残りの指針』白桃書房、2004年）.
Scott, W. R., "Reaction to Supervision in a Heteronomous Professional Organization," *Administrative Science Quarterly*, Vol. 10, No. 1, 1965.
Scott, J., *Corporations, Classes and Capitalism*, Hutchinson, 1979（中村瑞穂・植竹晃久監訳『株式会社と現代社会』文眞堂、1983年）.
Scott, J., *Capitalist Property and Financial Power: A Comparative Study of Britain, the United States and Japan*, Wheatsheaf Books, 1986（現代企業研究グループ訳『現代企業の所有と支配：英国・アメリカ・日本の比較研究』税務経理協会、1989年）.
Scott, J., *Corporate Business and Capitalist Classes*, Oxford University Press, 1994.
Scott, J. and C. Griff, *Directors of Industry*, Polity Press, 1984（仲田正機・橋本輝彦監訳『大企業体制の支配構造』法律文化社、1987年）.
Shimpi, P., *Integrating Corporate Risk Management*, TEXERE, 2001.
篠田由紀「企業倫理と環境対策―企業倫理の一環として環境対策を行うことの有効性について―」『明大商学論叢』第83巻第2号、2001年。
Silk, R. and D. Vogel, *Ethics and Profits: The Crisis of Confidence in American Business*, Simon and Schuster, 1976（並木信義監訳『トップの本音―利潤と社会的責任のジレンマ』日本経済新聞社、1976年）.
Sims, R. R. and J. Brinkmann, "Enron Ethics (Or: Culture Matters More than Codes)," *Journal of Business Ethics*, 45, 2003.
Sison, A. J. G., "Integrated Risk Management and Global Business Ethics," *Business Ethics: A European Review*, Vol. 9, No. 4, 2000.
総合研究開発機構編『21世紀の日本の株式会社像―「所有と支配」からみた分析―』東洋経済新報社、1985年。
Spector, M. and J. I. Kitsuse, *Constructing Social Problems*, Transaction Pub., 2001（村上直之・中河伸俊・鮎川潤・森俊太訳『社会問題の構築』マルジュ社、1992年）.
Stewart, D., *Business Ethics*, McGraw-Hill, 1996（企業倫理研究グループ訳『企業倫理』白桃書房、2001年）.
Stormer, F., "Making the Shift: Moving from 'Ethics Pays' to an Inter-Systems

Model of Business," *Journal of Business Ethics*, 44, 2003.
末永敏和『コーポレート・ガバナンスと会社法』中央経済社、2000年。
鈴木辰治『企業倫理・文化と経営政策―社会的責任遂行の方法―』文眞堂、1996年。
鈴木孝夫『人にはどれだけの物が必要か』中公文庫、1999年。
田中一弘『企業支配力の制御』有斐閣、2002年。
谷本寛治編著『CSR経営―企業の社会的責任とステイクホルダー―』中央経済社、2004年。
時井聰『専門職論再考―保健医療観の自立性の変容と保健医療専門職の自律性の変質―』学文社、2002年。
東京証券取引所『上場会社コーポレート・ガバナンス原則』東京証券取引所、2004年。
手嶋宣之『経営者のオーナーシップとコーポレート・ガバナンス』白桃書房、2004年。
Trevino, K. L., K. D. Butterfield and D. L. McCabe, "The Ethical Context in Organizations: Influences on Employee Attitudes and Behaviors," *Business Ethics Quarterly*, Vol. 8, Issue 3, 1998.
津村修「職業社会学における『専門職』概念に関する考察」名古屋大学文学部社会学研究室『名古屋大学文学部社会学論集』第8号、1987年。
上村達男『会社法改革』岩波書店、2002年。
梅津光弘『ビジネスの倫理学』丸善、2002年。
梅津光弘「改正連邦量刑ガイドラインとその背景：企業倫理の制度化との関係から」『三田商学研究』第48巻1号、2005年。
梅津光弘「国際的多元化社会における企業経営と倫理」『慶應経営論集』第13巻、1995年。
United States Department of Commerce, *Business and Society: Strate-gies for the 1980s ― Report of the Task Force on Corporate Social Performance*, 1980.
Vesilind, P. A. and A. S. Gunn, *Engineering Ethics and the Environment*, Cambridge University Press, 1998 (日本技術会環境部会訳編『環境と科学技術者の倫理』丸善、2000年).
Vincent, N., "What is at Stake in Taking Responsibility? Lessons from Third-party Property Insurance," *Business & Professional Ethics Journal*, Vol. 20, No. 1, 2001.
Vogel, D., "The Globalization of Business Ethics: Why America Remains Distinctive," *California Management Review*, Fall, Vol. 35, No. 1, 1992.

Vollmer, H. M. and D. L. Mills, *Professionalization*, Prentice-Hall Inc., 1966.

若杉敬明「コーポレート・ガバナンス―日本企業の課題―」『グッドガバナンス・グッドカンパニー』中央経済社、2000年。

Waymack, M. H., "AIDS, Ethics and Health Insurance," *Business & Professional Ethics Journal*, Vol. 10, No. 3, 1991.

Weaver, G. R., "Ethics Program in Global Business: Culture's Role in Managing Ethics," *Journal of Business Ethics*, 30, 2001.

Weaver, G. R., L. K. Trevino and P. L. Cochran, "Integrated and Decoupled Corporate Social Performance: Management Commitments, External Perspective, and Corporate Ethics Practices," *Academy of Management Journal*, Vol. 42, No. 5, October 1999.

Weber, M., *Politic als Beruf*, 1919(脇圭平訳『職業としての政治』岩波文庫、1980年).

Whitobeck, C., *Ethics in Engineering Practice and Research*, Cambridge University Press, 1998(札野順・飯野博之訳『技術倫理1』みすず書房、2000年).

Wilenski, H. L., "The Profession of Everyone?" *The American Journal of Sociology*, Vol. 70, No. 2, 1964.

World Commission on Environment and Development, *Our Common Future*, Oxford University Press, 1987(大来佐武郎監修『地球の未来を守るために』福武書店、1987年).

山田經三『世界における日本企業の責任―組織・リーダーシップの国際的役割―』上智大学、1994年。

山田礼子『プロフェッショナルスクール』多摩川大学出版部、1998年。

山口厚江『高齢者介護ビジネスの社会的責任』文眞堂、2005年。

好川透『コーポレート・ガバナンスとIR活動』白桃書房、1998年。

人名索引

【あ行】

アッカーマン，R.W. ……22, 162, 163, 164, 165
アナン，K.A. ……………………………154
アームストロング，A.………………………71
アリストテレス ……………………………10
イールズ，R.…………………………………41
石村善助……………………………………94, 97
ウィットベック，C.…………………………91
ウィルソン，P.A.……………………………86
ウェーバー，M.………………………………91
ヴォーゲル，D.……………………………165
梅津光弘…………………………………136, 148
エプスタイン，E.M. ………………………36
オルアク，M.…………………………………71

【か行】

賀来龍三郎…………………………………14
カー・サウンダース，A.M. ………………86
勝部伸夫……………………………………44
川村正幸……………………………………42
菊澤研宗……………………………………47
キツセ，J.I. …………………………………23
鬼頭秀一…………………………………138
キャドバリー，A.……………………………56
クック，R.A.………………………………71
グード，W. ………………………………93, 97

【さ行】

サイモン，H. ………………………………102
佐久間信夫…………………………………44
貞松茂………………………………………44
ジェンタイル，M.C. ………………………71
シソン，A.J.G. ………………………………71
シャイン，E.H.……………………………124
シルク，L.…………………………………165
スコット，J.…………………………………41
スペクター，M.……………………………23

【た行】

ダンフィー，T.W.…………………………119
ディジョージ，R.T. ………94, 95, 101, 106, 118
時井聰…………………………………………89
ドナルドソン，T. ………………………8, 119, 120
ドレナン，L.…………………………………71

【な行】

中河伸俊……………………………………23
中村瑞穂……………………………12, 101, 138

【は行】

バウアー，R.A. ………22, 162, 163, 164, 165
ハーシュマン，A.O. ………………………102
バックホルズ，R.A.………………………159
バナノフ，E.…………………………………69
バーリ，A.……………………………………41
ハリス，C.E. Jr. ……………………92, 95, 102
日和佐信子………………………………30, 37
フランシス，R.………………………………71
フリードマン，M. …………………………42, 161
古川安………………………………………88
フレデリック，W.C. ………………………120
ペイン，L.S. …………………………………1, 173
ベジリンド，P.A. …………………………105
ヘッド，G.L. ………………………………67
ヘンリー，N.…………………………………88
本田宗一郎…………………………………59

【ま行】

水谷雅一……………………………………12
ミラーソン，G. ……………………………92, 94
ミーンズ，G.…………………………………41
盛田昭夫…………………………………162

【や行】

山田礼子……………………………………93

ユーイング, L.E. ……71

【ら行】

リー, R.B. ……71

【わ行】

若杉敬明 ……42

事項索引

【あ行】

委員会等設置会社 …………………… 52
異文化経営論 ………………………… 118
ウォーターゲート …………………… 165
応用倫理学 …………………………… 166
オペレーショナルリスク ……………… 69

【か行】

海外腐敗行為防止法 ………………… 118
外国公務員贈賄罪 …………………… 116
介護支援専門員 ……………………… 103
会社支配 ……………………………… 41
会社支配論 …………………………… 41
価値観 …………………………… 56, 125
価値共有 ……………………………… 123
価値共有型 ………………………… 7, 9
価値共有型アプローチによる
　企業倫理の制度化 ………………… 76
価値転換 ……………………………… 1
価値理念 ……………………………… 56
環境基本法 …………………………… 141
環境側面 ……………………………… 144
環境方針 ……………………………… 143
危機管理 …………………………… 2, 66
企業改革法 …………………………… 55
企業統治 ……………………………… 40
企業統治 ……………………………… 156
企業と社会とのあいだの関係 ……… 162
企業内専門職 …………………… 97, 99
「企業の社会的責任」の同心円構造 … 159
企業の社会的即応性 ……… 162, 164, 165
企業不祥事 …………………………… 21
企業文化 ……………………………… 124
企業倫理 ……………………………… 1
企業倫理学 ……………………… 1, 166
企業倫理制度化 ……………………… 16
企業倫理の社会的制度化 …………… 170
企業倫理の制度化 ……………… 121, 169
企業倫理リスク ……………………… 68
グローバル・コンパクト …………… 154
グローバル・ビジネス行動基準集成 … 173, 175
経営者支配論 ………………………… 45
経営における社会的課題事項 …… 162, 166
経営倫理実践研究センター ………… 14
経済開発委員会 ……………… 159, 160, 161
経済同友会 …………………………… 43
ケース・メソッド …………………… 11
公益通報者保護法 …………………… 60
公害対策基本法 ……………………… 141
公害の輸出 …………………………… 115
国家資格 ……………………………… 94
コーポレート・ガバナンス型アプローチに
　よる企業倫理の制度化 …………… 76
コンプライアンス …………………… 15
コンプライアンス型 ………………… 7, 9
コンプライアンス型アプローチによる
　企業倫理の制度化 ………………… 76

【さ行】

最低限度の国際的権利 ……………… 120
持続可能性 …………………………… 121
持続可能な発展 ……………………… 155
自文化中心主義 ……………………… 118
事務総長 ……………………………… 154
社会的課題事項 ……………………… 22
社外取締役 …………………………… 49
ジャッジメントハザード …………… 73
受託責任 ……………………………… 57
事例研究 ……………………………… 168
事例分析 ………………………… 167, 168
ステイクホルダー …………………… 31
誠実さ …………………………… 8, 10
誠実さをめざす戦略 ………………… 123
正当性 ………………………………… 46
責任 ……………………………… 91, 99, 158
説明責任 ……………………………… 41
全社的リスクマネジメント ………… 67
専門職団体 …………………… 92, 94, 108
専門職の概念 ………………………… 86
専門職被用者の倫理 ………………… 137
専門職倫理 ……………………… 57, 95

専門職倫理侵害 100, 101
損失発生プロセス 74

【た行】

大規模公開株式会社 156
代理人理論 42
多国籍企業 156
忠誠 100
超規範 8, 119
東京証券取引所 52
統合社会契約論 119
道徳的構想力 126
独立専門職 97, 98
取締役会 43
トリプル・ボトムライン 121, 155

【な行】

内部統制システム 53
日本経団連 51
日本コーポレート・ガバナンス・
　フォーラム 50

【は行】

ハザード 66
パーソナルハザード 66, 72
パラダイム 35
ビジネスリスク 69
批判的忠誠 102
評判リスク 69
フィジカルハザード 75
不祥事 2
普遍主義 118
ペリル 72
法律順守をめざす戦略 123

【ま行】

三菱自動車工業 65
無批判的忠誠 102
モラルハザード 72, 73
モラールハザード 72
問題の複合 32
問題の連鎖 31

【や行】

融資一体型変額保険 70
雪印乳業 65

雪印乳業集団食中毒事件 27

【ら行】

リスク 72
リスク担当役員 67
リスクマッピング 69
リスクマネジメント 66
リスクマネジメントの目的 67
リスクマネジメントプロセス 67
リーダーシップ 56, 126
倫理綱領 96
(倫理)相対主義 118
倫理帝国主義 118
倫理的風土 125
倫理の守護者 55
倫理プログラム 56
例外的特殊権限 90
ロス(損失) 72
ロッキード事件 118

【A】

applied ethics 166

【B】

business and society (B & S) 162
business ethics 166

【C】

case analysis 167, 168
case study 168
CEO 40
Chief Risk Officer 67
corporate governance 156
corporate social responsiveness 162, 164
corporation 155
COSO 79
CSR 48

【E】

enterprise risk management (ERM) 67

【G】

Global Business Standard Codex 173
Global Compact 154
GRI (Global Reporting Initiative) ガイド

ライン ·······························171, 172, 173

【 I 】

institutionalization of business ethics ···121, 169
Integrity ···8
ISO14001 ········137, 142, 143, 144, 145, 146, 147

【 J 】

JIS Q2001：2001 ································79

【 L 】

liability ···158

【 M 】

multinational corporation ····················156

【 O 】

OECD ··50

【 P 】

PDCA サイクル ································143
PRTR ·································142, 149, 150

【 R 】

responsibility ···································158

【 S 】

Shiseido Code ····································14
social issues in management（SIM）········162
SRI ··45
sustainable development ·····················155

【 T 】

The Committee for Economic Development
··159
The GBS Codex ···························173, 175
triple bottom line ························121, 155

【 V 】

value sharing ······································7

執筆者紹介

梅津光弘
　（慶應義塾大学商学部准教授、全体統括者、第 1 章担当）

小山嚴也
　（関東学院大学経済学部教授、第 2 章担当）

出見世信之
　（明治大学商学部教授、全体統括者、第 3 章担当）

中林真理子
　（明治大学商学部教授、第 4 章担当）

山口厚江
　（作新学院大学経営学部特任教授、第 5 章担当）

鈴木由紀子
　（日本大学商学部准教授、第 6 章担当）

森永(篠田)由紀
　（明治大学商学部教授、第 7 章担当）

中村瑞穂
　（明治大学名誉教授、第 8 章担当）

| ▓ 日本の企業倫理―企業倫理の研究と実践― | 〈検印省略〉 |

| ▓ 発行日 ── | 2007年6月16日　初版発行 |
| | 2015年5月26日　第2刷発行 |

▓ 著　者 ── 企業倫理研究グループ
　　　　　　代表：中村瑞穂

▓ 発行者 ── 大矢栄一郎

▓ 発行所 ── 株式会社　白桃書房
　　　　　　〒101-0021　東京都千代田区外神田5-1-15
　　　　　　☎03-3836-4781　📠03-3836-9370　振替00100-4-20192
　　　　　　http://www.hakutou.co.jp/

▓ 印刷／製本 ── 松澤印刷

Ⓒ Business Ethics Study Group　2007　Printed in Japan
ISBN 978-4-561-13175-5 C3034

JCOPY 〈(社)出版者著作権管理機構　委託出版物〉

本書の無断複写は著作権法上での例外を除き禁じられています。複写される場合は、そのつど事前に、(社)出版者著作権管理機構（電話03-3513-6969、FAX 03-3513-6979、e-mail : info@jcopy.or.jp）の許諾を得てください。

本書のコピー、スキャン、デジタル化等の無断複製は著作権法上での例外を除き禁じられています。本書を代行業者等の第三者に依頼してスキャンやデジタル化することは、たとえ個人や家庭内の利用であっても著作権法上認められておりません。

落丁本・乱丁本はおとりかえいたします。